AS LEIS DA SABEDORIA

AS LEIS DA SABEDORIA

FAÇA SEU DIAMANTE INTERIOR BRILHAR

RYUHO OKAWA

IRH Press do Brasil

Copyright © 2015, 2014 Ryuho Okawa
Título do original em japonês: *Chie No Ho*
Título do original em inglês: *The Laws of Wisdom – Shine Your Diamond Within*

Coordenação editorial: Wally Constantino
Tradução para o português: Happy Science do Brasil
Revisão: Agnaldo Alves
Diagramação: Priscylla Cabral
Capa: Maurício Geurgas
Imagem de capa: IRH Press Japan

IRH Press do Brasil Editora Limitada
Rua Domingos de Morais, 1154, 1º andar, sala 101
Vila Mariana, São Paulo – SP – Brasil, CEP 04010-100

Nenhuma parte desta publicação poderá ser reproduzida, copiada, armazenada em sistema digital ou transferida por qualquer meio, eletrônico, mecânico, fotocópia, gravação ou quaisquer outros, sem que haja permissão por escrito emitida pela Happy Science – Ciência da Felicidade do Brasil.

1ª edição
ISBN: 978-85-64658-18-9
Impressão: Paym Gráfica e Editora Ltda.

Os textos deste livro são uma compilação de palestras proferidas por Ryuho Okawa nas seguintes datas:

Capítulo 1: *8 de julho de 2014, na Super Arena de Saitama, Japão*
Capítulo 2: *31 de dezembro de 2011 no Templo Sagrado da Grande Iluminação, Taigokan, Tóquio, Japão*
Capítulo 3: *6 de maio de 2014, no Templo Shoshinkan de Tóquio, Japão*
Capítulo 4: *11 de fevereiro de 2014, no Templo Shoshinkan de Tóquio, Japão*
Capítulo 5: *26 de janeiro de 2014, no Templo Shoshinkan de Yokohama, Kanagawa, Japão*
Capítulo 6: *14 de dezembro de 2013, no Makuhari Messe, Chiba, Japão*

Sumário

Prefácio 9
Mensagem a Você 10

Capítulo Um
A Grande Estratégia para a Prosperidade 15
O Esforço e a Perseverança Individuais Abrem Caminho para um Futuro Próspero

1 • Venho Transmitindo a Verdade Há 28 Anos 17
2 • Um *Estado Máximo* Geralmente Leva o País à Degradação 19
3 • No Que Consiste a Revolução Interior 21
4 • Preencher o Planeta Terra com o "Sopro da Prosperidade" 24
5 • A Correta Sabedoria Abrirá Caminho para a Prosperidade 28

Capítulo Dois
Os Segredos da Produção Intelectual 31
Formas de Estudar e Trabalhar Que
Geram Valor Agregado

1 • Qual a Diferença entre Produção Intelectual
e Vida Intelectual? 33
2 • A Vida do Filósofo Kant como Modelo 36
3 • Como Viver ao Máximo as 24 Horas do Dia 40
4 • Liberdade Econômica Gera Independência
Intelectual 44
5 • Preparo Espiritual para Gerar Tempo Intelectual 49
6 • Técnicas Profissionais para a Produção Intelectual 54
7 • Adquirir Novas Perspectivas com o Domínio
de uma Língua Estrangeira 59
8 • Estudar História para Ser Culto 64
9 • Como Manter o Estilo de Vida Intelectual
Necessário para a Produção Intelectual 67
10 • Exercícios Físicos Moderados São Necessários
para a Produção Intelectual 70

Capítulo Três
O Poder para Romper Paredes 71
O Poder da Mente Que Derrota
o Pensamento Negativo

1 • O Pensamento Negativo É Forte no Mundo Todo 73
2 • A Força do Pensamento Necessária aos Líderes 79
3 • Adquirir Profissionalismo 83
4 • O Verdadeiro Cidadão do Mundo que Será Formado na Universidade Happy Science 87
5 • Ideais Nobres Abrem Caminho 91
6 • A Força de Gestão Que Rompe Paredes 96

Capítulo Quatro
Técnicas para Gerar Ideias Extradimensionais 99
Como Ter Ideias Que Transcendem este Mundo

1 • O Que É uma Ideia Extradimensional? 101
2 • Como Receber Ideias Extradimensionais 105
3 • As Ideias Extradimensionais ao Estilo de Ryuho Okawa 108

Capítulo Cinco
Liderança Baseada em Sabedoria Estratégica 125
Requisitos para Ser um Líder Capaz de Motivar os Outros

1 • A Definição de Líder em Diferentes Situações 127
2 • A Cultura Organizacional Que Forma Líderes 133
3 • Sabedoria Estratégica e Empenho São Necessários para Se Estabelecer como Profissional 137

4 • A Capacidade de Analisar Informações
Que um Líder Deve Ter 143
5 • A Sabedoria para Expandir os Negócios 150
6 • A Capacidade de Assumir Responsabilidades:
Qualidade Fundamental para um Líder 156

Capítulo Seis
O Desafio da Sabedoria 159
A Sabedoria Que Transcende
o Ódio e Salva o Mundo

1 • O Mais Importante Ponto de Partida 161
2 • O Autêntico Direito de Saber 162
3 • Dê às Pessoas um Vislumbre das Qualidades
de um Anjo 166
4 • Sob a Bandeira da Verdade Imortal 171

Posfácio 173
Sobre o Autor 175
Sobre a Happy Science 177
Contatos 179
Outros Livros de Ryuho Okawa 183

Prefácio

As pessoas nascem neste mundo, vivem por certo número de décadas e, por fim, morrem. Depois da morte, a única coisa que o ser humano pode levar de volta consigo para o outro mundo é seu "coração". E dentro dele reside a sabedoria, a parte que preserva o brilho de um diamante.

No presente livro procurei descrever, sob diversas óticas, a sabedoria que devemos adquirir na vida. Apresentarei valiosos conceitos sobre o modo de viver, dicas para a produção intelectual e os segredos da boa gestão empresarial.

Penso que a Iluminação na vida moderna é algo muito diversificado e complexo. No entanto, o mais importante é jogar um raio de luz sobre seu modo de vida e, por meio de seus próprios esforços, produzir magníficos cristais nesta sua preciosa passagem na Terra.

Sinto que, de certo modo, fui bem-sucedido na modernização dos ensinamentos de Buda com a publicação de *As Leis da Perseverança*, um grande *best-seller* desde o ano passado, e, na sequência, com *As Leis da Sabedoria*.

Ryuho Okawa
Dezembro de 2014

Mensagem a Você

Informação, Conhecimento e Sabedoria

As informações são dados
Captados continuamente por seu cérebro,
Por meio de seus olhos e ouvidos.
As informações podem ser armazenadas
ou processadas.

As informações que você é capaz de usar,
Que fazem parte da sua bagagem acadêmica,
Ou que se tornam ferramentas úteis no trabalho,
Chamamos de conhecimento.

Conhecimento é poder.
Possuir o conhecimento que é necessário,
E ser capaz de usá-lo quando for preciso,
É uma técnica fundamental e uma arma
Para sobreviver na sociedade moderna.

Contudo, há algo ainda mais importante,
Que é a sabedoria.
Quando o conhecimento é validado pela experiência,
Alcança um nível em que consegue elevar
nossa visão de vida
E se transforma em palavras capazes
de nos conduzir à Iluminação,
Eis a sabedoria.

*Quando o conhecimento passa pelos
filtros do bem e do mal,
Surge a sabedoria.
Ela se cristaliza nos momentos de profunda
introspecção ou meditação.
É como a inspiração mediúnica
Que desce de um recôndito do Céu.*

Capítulo Um

A Grande Estratégia para a Prosperidade

O Esforço e a Perseverança Individuais Abrem Caminho para um Futuro Próspero

A Grande Estratégia para a Prosperidade

Venho Transmitindo a Verdade Há 28 Anos

Foi com 30 anos de idade – exatamente dez anos depois de completar 20 – que dei minha primeira palestra diante do público e me conscientizei de que esta era minha missão divina, durante o encontro inaugural da Happy Science, ocorrido em 23 de novembro de 1986.

Conforme os ensinamentos de Confúcio[1], depois de acumular uma década de estudos e esforços, levantei-me aos 30 anos e fiz da pregação dos meus pensamentos ao povo a minha profissão. O tempo realmente voa. Passaram-se 28 anos desde então.

Em minha primeira palestra compareceram apenas 87 pessoas de todos os cantos do Japão para me ouvir. Por outro lado, a palestra que serviu de base para este capítulo ocorreu na Festividade Natalícia de 8 de julho de 2014 e lotou o salão principal da Super Arena de Saitama. Ela foi transmitida via satélite simultaneamente para mais de 3500 locais no mundo todo, e posterior-

---

1 Pensamento de Confúcio que dizia: "Quando tinha 15 anos, pus meu coração a aprender; aos 30, estava firmemente estabelecido; aos 40 não tinha mais dúvidas; aos 50 conhecia os desígnios do Céu; aos 60 estava disposto a escutá-lo; aos 70 podia seguir o que meu coração me indicava sem transgredir o que é correto."

mente publicada em forma de livro, sendo traduzida para mais de 27 idiomas.

Sinto que a roda do darma está girando e avançando em todo o planeta, o que prova que minha resoluta decisão de seguir este caminho aos 30 anos foi acertada.

Na época, ainda eram poucos os que acreditavam em mim. Havia apenas um número reduzido de pessoas que aceitavam que eu recebia as palavras da Iluminação vindas do Céu como uma revelação espiritual.

No entanto, a luta continuou avançando efetivamente, porque sempre me esforcei para tocar o coração das pessoas. E repetia frases como: "Fato é fato! A Verdade é a Verdade! A verdade não morre!"

Se fosse mentira ou enganação, eu já teria sido derrotado pelas críticas, ofensas e ataques. A verdade sempre avança, por mais que haja críticas e ventos contrários. Eu tenho procurado mostrar que o "senso de justiça" consegue desbravar o caminho da vida e se tornar uma grande força-motriz para o "desenvolvimento".

A Grande Estratégia para a Prosperidade

Um *Estado Máximo*[2] Geralmente Leva o País à Degradação

O título deste capítulo é "A Grande Estratégia para a Prosperidade". Trata-se de um tema que deveria ser abordado pelo primeiro-ministro ou presidente de uma nação. No entanto, se fosse dada uma palestra para o mundo inteiro, provavelmente ninguém seria capaz de falar sobre esse assunto.

Eu mesmo, porém, não pretendo falar em nome dos políticos, apenas dar um alerta na posição de líder religioso quanto ao pensamento que cada cidadão deve ter.

Considero que, atualmente, o governo japonês está realizando uma política altamente criativa, nunca vista até então, ou pelo menos nos últimos 20 anos. Isso é maravilhoso e louvável. Jamais foi visto esse tipo de criatividade na política, e isso merece aprovação. Apesar das desavenças internacionais, a atual política japonesa é muito rara e criativa.

Sob a ótica do aprimoramento da alma, que tipo de pensamento o povo deve ter? Quando vista sob a perspectiva da religião ou de um cidadão, a política pode ser encarada de

---

2 *Estado máximo* é um termo geralmente utilizado para descrever um Estado que pretende ampliar seu tamanho e sua atuação na sociedade.

outra maneira. Será que os cidadãos de cada nação não estão esperando que o governo tenha um grande poder e lhes garanta um futuro feliz, bastando para isso mudar os sistemas, regimes e esquemas deste mundo? Se for isso, os aprimoramentos da alma desses cidadãos não seriam satisfatórios.

Não tenho nada contra um bom governo que consiga melhorar o futuro da nação a partir de uma política correta e de uma estratégia nacional competente. Entretanto, não devemos esquecer que o mais provável é que um *Estado máximo* leve o povo à degradação. A história comprova esse fato.

É perigoso contar demasiadamente com a grande força do governo. Podemos ser muito beneficiados por suas ações; porém, cada qual deve buscar seu crescimento como indivíduo independente e capacitado para pensar e decidir sobre o próprio futuro.

No Que Consiste a Revolução Interior

Volte às Origens e Se Pergunte: "O Que Sou Capaz de Fazer?"

A "Grande Estratégia para a Prosperidade" não pode ser elaborada somente pelo Estado, mas também pelo povo que faz parte da nação. É isso que eu gostaria de transmitir a todos os povos.

Certamente, em nenhum país a política está sendo conduzida de forma plenamente satisfatória para a população. Em todas as nações, a política não vem atendendo às expectativas das pessoas. Isso é um fato. No entanto, é preciso se conscientizar de que os resultados da política ou da estratégia nacional executada pelos políticos são fruto da vontade do povo que habita aquela nação. Se estiver ocorrendo uma queda na qualidade de vida de cada cidadão, a estratégia nacional, a política, a economia e os sistemas diversos também tendem a ser incompletos e insatisfatórios.

Assim, atrevo-me a lhe dizer: "Volte às origens!". Volte às origens e questione a si próprio: "O que sou capaz de fazer?".

As Leis da Sabedoria

Você é Capaz de Responder: "O Que é Ser Humano?"

Admito que o governo do Japão está trabalhando de maneira correta atualmente. Não daria nota 10, mas ele está fazendo um bom trabalho. Contudo, não podemos ficar contando com isso por 10, 20 ou 30 anos. Isso vale também para as demais nações. É preciso ocorrer uma revolução interior em cada cidadão.

O que seria essa revolução interior? Como é a revolução interna do coração que se faz necessária? As pessoas que estão vivendo nesta era moderna, de progresso científico avançado, continuam a desenvolver a civilização, e este é um aspecto maravilhoso da sociedade moderna. No entanto, elas estão se esquecendo de algo muito importante. No Japão, muitos indivíduos estudaram por décadas, formaram-se em boas faculdades, ingressaram em boas empresas e obtiveram grandes conquistas. Contudo, é impressionante como eles desconhecem a Verdade. Assim, hoje está nascendo muita gente que pensa: "Deus morreu!", "Deus não existe mais!" ou "O homem pode substituir Deus".

De fato, comparativamente a dois ou três milênios atrás, os intelectuais da era contemporânea possuem informações e conhecimentos jamais alcançados no passado. Certamente, aos olhos das pessoas do passado, eles pareceriam possuir a sabedoria de um deus.

No entanto, você não pode ser considerada uma pessoa virtuosa se não for capaz de responder a perguntas como: "O que é ser humano?", "De onde você veio e para onde irá?" ou "Afinal, qual é o objetivo da sua vida?". Em vez disso, toda essa informação, conhecimento e tecnologia só têm turvado os olhos das pessoas, prejudicando a visão da Verdade.

A Grande Estratégia para a Prosperidade

Mesmo Quando a População Mundial Se Encaminha para os 10 Bilhões, com Certeza Deus/Buda Está Sempre Tomando Conta de Você

Há dois ou três mil anos, quando a população mundial era bem menor, Deus/Buda estava zelando por você. Mesmo agora, nesta era atual em que a população está crescendo rapidamente, não há como Ele não estar presente. Absolutamente improvável.

Quando iniciei este trabalho, minhas mensagens se destinavam a uma população mundial de 5 bilhões de pessoas. De repente, esse número passou para 6 bilhões. E agora somos 7 bilhões. A população da Terra está crescendo numa velocidade maior que a da entrega dos meus ensinamentos.

É extremamente difícil levar prosperidade e proporcionar felicidade a uma população mundial enorme, que se aproxima de 10 bilhões de pessoas, e ao mesmo tempo manter a paz. Você acha que Deus, Buda, os *tathagatas*, os *bodhisattvas* e anjos de luz estão indiferentes a isso?

As Leis da Sabedoria

Preencher o Planeta Terra com o "Sopro da Prosperidade"

Pense Sobre "o Que Você Pode Fazer", uma Vez Que Recebeu a Vida de Deus

Atualmente, o Japão está vivenciando um estilo de vida abastado, assim como os Estados Unidos. Muitas outras nações também estão seguindo o mesmo rumo. Porém, ainda há mais de 1 bilhão de pessoas pobres e famintas no mundo, e este número provavelmente vai aumentar.

Mesmo no Japão, a fatia considerada "pobre" representa mais de 20% da população. O governo está muito empenhado em elaborar algum plano para solucionar este problema. Porém, os cidadãos japoneses não devem contar somente com o governo. Se tentarem se apoiar e depender exclusivamente dele, o país ingressará em uma fase da decadência. Assim como ocorreu com nações prósperas do passado, acabará se deteriorando.

Portanto, é fundamental reedificar e renovar o coração para deixar toda a Terra repleta com o poderoso sopro da prosperidade uma vez mais.

E o que é preciso fazer para atingir este objetivo? A ordem celestial já nos foi passada: "Construa o reino de Deus na Terra! Construa o reino de Buda! Construa a utopia, o reino búdico!". Aqueles que acreditam nestas palavras devem pensar: "O que posso fazer para cumprir esta ordem?".

O Que Cada um Pode Fazer para Construir o Reino de Deus na Terra

1. "Ser Humilde" e "Buscar o Correto Coração"
Primeiramente, o meu pedido a você é: "Por favor, seja humilde!". As pessoas da era contemporânea são muito mais sábias que as do passado. As pesquisas científicas se desenvolvem em vários campos e já chegaram ao que chamamos de "domínio de Deus". Porém, ao mesmo tempo, é preciso se conscientizar de que houve também perdas.

À medida que os estudos avançam, mais pessoas passam a crer que as funções da alma humana são apenas efeitos do cérebro ou reações do sistema nervoso. Fico muito triste em saber que o mundo está sendo liderado por pessoas assim.

Portanto, espero que os futuros líderes sejam pessoas que aceitem a voz celestial humildemente e queiram cumprir seu desejo aqui na Terra. Isso, em outras palavras, é a "Busca do Correto Coração" ou a "Consolidação do Correto Coração".

2. Com Perseverança e Esforço, Cada Pessoa Deve Fazer Sua Alma Brilhar
O que deve ser feito em seguida é algo muito óbvio e que já venho falando há muito tempo. E o que seria, então? Gostaria de reafirmar uma vez mais um simples fato: "Para que o ser humano seja bem-sucedido, feliz e próspero neste mundo, é preciso perseverança e esforço".

As Leis da Sabedoria

No ano de 2014, a Happy Science realizou seus trabalhos com base no livro *As Leis da Perseverança* (Editora IRH Press do Brasil). Por mais que nos esforcemos, vivemos numa era em que as coisas não avançam. Contudo, este período de perseverança jamais será um desperdício na sua vida, porque é justamente a fase de provação de que seus esforços são autênticos.

Para conseguir ser bem-sucedido na vida, não basta ter um talento de primeira linha. Muitos dos que foram bem-sucedidos na história não possuíam talentos excepcionais. Mesmo assim, deram passos valiosos na história da humanidade, acumulando esforços perseverantes e superando as dificuldades repetidas vezes.

Por isso, não se lamente se não tiver habilidades extraordinárias ou não for excepcionalmente talentoso. Na verdade, isso demonstra que foram colocadas expectativas em você – e representa uma oportunidade para desenvolver sua alma e fazê-la crescer durante seu período de vida aqui na Terra.

Se você acha que possui talentos incomuns, gostaria de lhe dizer que no passado houve muitas pessoas talentosas também. Entretanto, essas pessoas em geral não gostam de se esforçar. Pensam em se dar bem na vida usando a esperteza, costumam se entediar com as coisas e buscam respostas fáceis e conclusões rápidas para tudo. Inclusive na fé, querem milagres imediatos.

No entanto, em nome dos Espíritos Guias do mundo celestial, digo-lhe que os seres do mundo celestial não esperam concretizar os desejos individuais do povo da Terra imediatamente. Eles desejam ardentemente que as pessoas trilhem o caminho do sucesso, acumulando resultados positivos e abrilhantando a alma por meio da perseverança e esforço ao longo de décadas de vida na Terra.

Uma Pessoa Independente Pode Defender o Mundo da Ditadura e da Tirania

As entidades do mundo celestial estão bem próximas de você para aconselharem o rumo a seguir. No entanto, perseverar, esforçar, conquistar resultados positivos e desejar a felicidade dos demais é o que todos devem praticar na vida, e é também um direito de todos.

Em vez de esperar que tudo lhe seja dado, procure compartilhar com os demais a felicidade de ter nascido neste mundo, mesmo que seja com pequenas atitudes.

No âmbito mundial há questões mais importantes, problemas que envolvem guerra e paz e a relação entre paz e prosperidade. Estes são problemas enormes com os quais um indivíduo sozinho não consegue lidar. Contudo, devemos estar atentos neste momento, quando a população mundial se aproxima dos 7 bilhões, para não permitir que surjam ditadores ou autocratas que conduzam o povo para o rumo errado.

E, para isso, é preciso formar indivíduos independentes que se esforcem, dediquem-se, perseverem e tenham uma postura de aprender sempre. A nação que conseguir formar muitas pessoas assim será capaz de defender este mundo.

As Leis da Sabedoria

A Correta Sabedoria Abrirá Caminho para a Prosperidade

Tenha o correto discernimento. Tenha a sabedoria para separar o bem do mal.

Sem pessoas assim não há como conduzir o mundo ao rumo correto.

Se não formarmos pessoas assim, não teremos como desbravar o caminho para a prosperidade.

Neste momento, não há como um único indivíduo proporcionar felicidade ao mundo. Embora seja possível aconselhar cada pessoa individualmente, não se esqueça de que cada um deve conquistar a sua própria felicidade.

Não espere que o governo faça tudo por você. Cada cidadão deve elevar sua qualidade humana. E sua força de colaboração, em redes e organizações, é que irá formar uma gigantesca corrente, elevar a nação e proporcionar paz e prosperidade.

Se surgir alguma nação com ambições negativas, o importante é ensinar também ao seu povo o correto caminho. Somente quem o pratica será capaz de ensinar.

Por mais que se tente insultar, ofender e criticar o povo que vive com coração pacífico e que se dedica todos os dias com perseverança, tais agressões voltam para quem as praticou.

A Grande Estratégia para a Prosperidade

A Verdade é assim. A Verdade é um espelho. Quem aparece refletido no espelho não são os outros, mas sua própria imagem e a imagem de sua própria nação.

Seja justo!
Os justos devem ser fortes,
Os justos devem ser bons,
Os justos devem prosperar.
Construa a paz do futuro em meio à prosperidade.
Conto com você.
Por favor, vamos unir forças e construir uma nova era do futuro.

Capítulo Dois

Os Segredos da Produção Intelectual

Formas de Estudar e Trabalhar Que Geram Valor Agregado

Os Segredos da Produção Intelectual

Qual a Diferença entre Produção Intelectual e Vida Intelectual?

Somos Capazes de Criar Algo de Valor neste Mundo?

Ao longo de 2010, ministrei 229 palestras. Em 2011 não precisei fazer campanhas de apoio ao Partido da Realização da Felicidade, por isso o número foi um pouco menor, mas, mesmo assim, foram 206. Desde então, tenho feito tantas palestras quanto naqueles anos e continuei o trabalho de produção intelectual publicando centenas de livros – no final de dezembro de 2014, alcancei a marca de 1800 livros publicados.

O tema deste capítulo é "Os Segredos da Produção Intelectual", um assunto de extrema importância. Há tanta coisa a dizer sobre este tópico, que eu precisaria escrever dois ou três livros para esgotar seu conteúdo. Além disso, não gostaria de ser um "estraga-prazer" revelando tudo de uma só vez. Por ora, vou fazer uma abordagem resumida a um capítulo. Inclusive, já venho falando sobre temas semelhantes a este em minhas palestras.

A produção intelectual é de suma importância para alguém como eu, que faz palestras e pregações, escreve livros e administra uma instituição religiosa, enquanto trabalha simultaneamente com ideias novas.

As Leis da Sabedoria

A vida intelectual em si é possível quando você arranja tempo para ler livros e estudar diferentes assuntos. Porém, quando se trata de produção intelectual, isso não é suficiente, pois é preciso criar algo. Para se gerar um produto ou uma obra, é necessário produtividade. Em outras palavras, é preciso gerar valor agregado, algo de valor para o mundo.

A ideia de que "basta estudar" não vale para a produção intelectual. Estudar para passar no vestibular, por exemplo, também conta como estudo, mas se trata apenas de obter certa pontuação nos exames, e dificilmente você poderia afirmar que está produzindo algo. Você pode estar confirmando sua habilidade intelectual, mas isso não chega a ser uma produção. Se o seu trabalho for o de elaborar questões para o exame, talvez possa dizer que se trata minimamente de uma produção intelectual.

É Extremamente Difícil Ter uma Vida Intelectual Que Gere Produtos

Há uma diferença entre o estudo passivo – aquele que se faz por obrigação – e o estudo que se faz para a geração de produtos, que é a vida ativa típica da produção intelectual.

É difícil dizer qual deles tem mais valor; porém, o segundo – que é a vida intelectual ativa ou que gera produtos – oferece um grau de dificuldade maior e é considerado mais profissional. No entanto, é difícil dizer qual deles traz maior sensação de felicidade.

Creio que a percepção da felicidade seja elevada para um aposentado altamente intelectual que não escreve livros nem dá palestras, mas vive para ler as obras-primas da literatura. Eu mesmo sou fascinado desde jovem por esse estilo de vida. Mas não posso me dar ao luxo de levar esse estilo de vida. Tenho de reverter todos os meus estudos em benefício à sociedade. Não me é permitido usufruir sozinho os frutos colhidos.

Não há tanta responsabilidade quando a pessoa pode aplicar os benefícios do estudo somente em seu trabalho e sua vida. No entanto, se você estuda continuamente e chegou a um nível em que sua sensação de plenitude intelectual deveria beneficiar mais e mais pessoas, então seus estudos precisam de algum modo se transformar em utilidade pública.

Para tanto, é preciso publicar ou anunciar suas ideias e opiniões, o que pode ser feito em diferentes níveis, do amador ao profissional. É preciso agregar algumas técnicas, deixando de ser um mero método de estudo.

Existem milhares de pessoas no mundo que leem livros e acumulam informações. Também é possível obter informações assistindo aos programas de televisão, olhando a internet ou pelo celular. Entretanto, receber informação passivamente não passa de simples consumo. Seria como apenas ficar ouvindo a conversa de alguém.

Em vez disso, se você quiser assimilar a informação e retrabalhá-la para gerar suas próprias ideias, vai precisar ter técnica, experiência e sabedoria.

As Leis da Sabedoria

A Vida do Filósofo Kant como Modelo

Kant Manteve um Estilo de Vida Disciplinado Por Toda a Vida

No início deste capítulo, comentei sobre a quantidade de palestras que ministrei. Mas, pouco tempo atrás, enquanto mergulhava em um livro sobre o filósofo Immanuel Kant, fiquei surpreso ao descobrir que em certos períodos de sua vida ele chegou a dar vinte palestras por semana. Fiquei impressionado por ele ter conseguido tal façanha, ainda mais porque o tema de suas palestras é muito difícil. Talvez, ele tivesse longas férias no meio. Se fossem vinte palestras por semana e sem férias, seriam mil por ano. Isso é incrível!

Se ele fez mil palestras ao ano e viveu até aquela idade (Kant morreu aos 79 anos), teria gerado um grande volume de produção intelectual. Considerando-se que isso não ocorreu, imagino que até certo ponto essa contagem inclui aulas repetidas aos alunos.

Sob o aspecto da vida cotidiana, Kant é inigualável. O despertar matinal às 5 horas da manhã, por exemplo, é muito famoso. Tanto no verão como no inverno, invariavelmente, acordava às 5 e tomava apenas chá preto. A refeição pesada prejudicaria o funcionamento do cérebro. Assim, iniciava o estudo ou o trabalho só com uma xícara de chá. Ele reservava

Os Segredos da Produção Intelectual

as duas primeiras horas para estudar ou elaborar as palestras, e começava a aula em sua própria casa às 7 da manhã.

Eu costumo dar palestras em *Taigokan*, o Templo Sagrado da Grande Iluminação. Nesse sentido, há uma semelhança com o estilo de vida de Kant. Ele dava aulas às 7 na sua própria casa em vez de ir à faculdade. Os alunos iam à casa dele e a aula era das 7 às 8, pouco mais de uma hora. Ele manteve essa rotina por muito tempo.

Kant possuía como serviçal um senhor idoso, a quem pedia para acordar antes das 5. O filósofo não gostava de acordar de pronto, mas ficava muito bravo se deixasse de acordar. Então, o servo procurava acordá-lo a todo custo.

Depois de acordar às 5, Kant ficava por duas horas estudando, preparando suas aulas e algumas vezes escrevendo. Então, dava aula na primeira hora da manhã e, ao concluir sua missão como catedrático, ficava escrevendo até a hora do almoço, se ainda tivesse energia.

No almoço, convidava amigos com quem pudesse travar diálogos intelectuais e ficava por longas horas – cerca de 3 horas – conversando à mesa. Parece que às vezes tomava vinho também. Depois, à tarde, no mesmo horário de sempre, ele saía para uma caminhada com sua bengala.

Kant vivia numa cidade provinciana da Alemanha chamada Könisberg, e dizem que nunca saiu de lá. É incrível, mas ele passou a vida toda sem sair daquela cidade, sem nunca fazer uma viagem, dando apenas suas caminhadas e tendo os livros como companhia. Talvez ele não saísse porque uma viagem poderia quebrar suas rotinas ou porque não teria como levar os livros.

Assim, Kant acordava diariamente às 5 da manhã e saía para fazer sua caminhada no mesmo horário todos os

dias. Conta-se que era tão pontual que um vizinho acertava o relógio vendo-o sair para o passeio da tarde.
Com frequência, ele deixava de jantar. É possível que fosse adepto do sistema de uma refeição por dia. Em alguns dias, as refeições eram leves, mas em geral o almoço era bem servido, e isso bastava para a sua nutrição. Além disso, ele convidava diversas pessoas para um diálogo intelectual no almoço.
À noite, estudava e apagava as luzes às 10 horas e acordava às 5 da manhã. Kant repetiu esse padrão por muito tempo.

A Produção Intelectual Demanda Acúmulo de Conhecimento e Amadurecimento

Poucas são as obras de Kant quando jovem, mas muitas foram publicadas a partir dos seus 55 anos. Grandes obras foram publicadas entre seus 50 e 70 anos. Trata-se de um caso muito raro. Em geral, as pessoas começam a escrever quando são relativamente jovens e passam a ter mais dificuldade para escrever à medida que envelhecem. Mas no caso de Kant, muitas de suas grandes obras foram lançadas na terceira idade.

Isso se deve ao seu hábito de vida regrado e ao contínuo acúmulo de conhecimentos, que é de extrema importância, sobretudo no caso da área de humanas. Além de adquirir uma grande bagagem, é preciso deixar que esses conhecimentos amadureçam, exatamente como um bom queijo. Um conteúdo valioso não se gera meramente com a transferência de conhecimentos de um lugar para outro.

Ao manter em repouso os conhecimentos adquiridos, eles vão amadurecendo e se transformando em sabedoria. Dentre os aprendizados adquiridos com os estudos, você vai perceber que há alguns inúteis e dispensáveis, misturados com outros que são verdadeiras pepitas de ouro. Assim, à medida que se dedica aos estudos, aos poucos vai acumulando pepitas. É preciso um esforço contínuo para juntar muitas pepitas, formar um bloco de ouro e depois confeccionar finas joias. Foi exatamente isso que Kant fez.

Forte Determinação e Autocontrole Persistente São Necessários para Criar um Hábito

Não creio que atualmente haja pessoas capazes de imitar o estilo de vida de Kant. De qualquer maneira, há muitos pontos a aprender com esse estilo de vida. Um deles é o seguinte: "É difícil gerar produtos intelectuais continuamente sem ser bem-sucedido na consolidação dos hábitos de uma vida intelectual".

Sei disso porque fiquei mais de cinco anos no meio empresarial. Quando se trabalha em uma empresa, com frequência perdemos o controle do tempo e da vida devido à ocorrência de horários irregulares e fatos imprevistos. Em termos gerais, se fosse apenas o trabalho nas horas extras, ainda seria razoável. O problema é o relacionamento profissional pós-expediente, que ocorre com regularidade. Somos forçados a socializar, a beber e a cantar. Inclusive nos dias de folga, quando somos "convidados". O relacionamento é realmente esgotante.

Portanto, consolidar seus próprios hábitos para chegar ao nível de gerar produção intelectual é extremamente difícil. É preciso ter uma forte determinação e um autocontrole persistente até adquirir esses hábitos.

As Leis da Sabedoria

Como Viver ao Máximo as 24 Horas do Dia

Arnold Bennett Sugeria "Reservar 90 Minutos por Dia para Atividades Intelectuais"

Creio que a maioria das pessoas vai achar muito difícil imitar a vida de Kant. Então, o importante é se concentrar em "reservar algum tempo ao longo do dia".

Há cerca de um século, o escritor britânico Arnold Bennett (1867-1931) já analisava essa questão do uso do tempo. Ele dizia que o aproveitamento das 24 horas do dia é determinado pelo modo como você vive cada dia.

Eu aprendi muito com o pensamento dele. Sua afirmação pode ser resumida em: "Separe 90 minutos por dia, a qualquer custo!". Ele dizia: "É preciso criar 90 minutos por dia de momento intelectual, embora seja muito difícil colocar isso em prática devido às atribulações e eventos do cotidiano".

Isso vale para profissionais que trabalham; no caso de estudantes, que podem se dedicar o dia todo aos estudos, a situação é diferente. Ele diz algo como: "Se conseguir reservar 90 minutos por dia, será possível gerar um resultado fantástico depois de alguns anos! Se você aplicar 90 minutos por dia numa determinada área de estudo, depois de 3 anos será especialista nesta área". No entanto, é preciso um esforço considerável e boa dose de autodisciplina para arranjar esses 90 minutos diários.

Coletar Informações Supérfluas nos Jornais é um Desperdício de Tempo

Enquanto observava os cidadãos londrinos se deslocando para o trabalho, Bennett viu que os trabalhadores lotavam os trens logo pela manhã. Para chegar o quanto antes ao escritório, tentavam ficar o mais possível na frente do trem, espremendo-se nos vagões frontais como sardinhas em lata. E as leituras não iam além de jornais.

Assim, muita gente lê jornal logo pela manhã, mas, na verdade, não há nada nele além de uma "pilha de cadáveres". Os jornais publicam matérias sobre acontecimentos do dia anterior, mas seus conteúdos são descartáveis e no final da tarde ninguém mais quer lê-los. No entanto, as pessoas os leem avidamente.

As pessoas gastam cerca de uma hora ou mais dentro do trem para ler jornais. Chegam cansadas na empresa e iniciam o trabalho com preguiça. É isso o que elas fazem. Bennett já deu esse alerta sobre os jornais há cem anos.

Hoje em dia, há muito mais com que se preocupar. Depois dos jornais, entraram em moda o rádio e, posteriormente, a tevê. Agora, somos atingidos por toneladas de informações supérfluas que nos chegam por diversas fontes, como a internet e o celular.

Claro, há informações úteis no meio disso tudo, mas a maior parte é perda de tempo; por isso, é preciso ter coragem e se esforçar para separar o joio do trigo. Além disso, você precisa pensar em como reservar 90 minutos por dia, só uma hora e meia.

    Bennett dizia que, se você simplesmente não consegue se livrar dos compromissos sociais e separar esses 90 minutos durante os dias de semana, então deve ser firme consigo mesmo e compensar isso durante o fim de semana.

    Fui executivo de comércio exterior e sei muito bem o que ele quis dizer. Dentre os executivos de comércio exterior, muitos tinham um alto nível de escolaridade e fluência em inglês ao ingressar na empresa. No entanto, com o passar do tempo, o nível intelectual desses funcionários começou a cair devido ao excesso de compromissos sociais. Eles se tornaram incapazes de ler livros difíceis ou complexos, a menos que tivessem muita perseverança e força de vontade.

    Mesmo aqueles considerados de "elite", que tiveram uma longa carreira no exterior após a graduação na Universidade de Tóquio, tendiam a ler em média apenas dois livros de ficção por mês, além das revistas semanais. Objetivamente falando, já nem podem ser considerados intelectuais.

    Isso é natural. Eles estão tão ocupados, com a mente tão sobrecarregada, que não conseguem mais ler livros pesados, só coisas leves e irrelevantes. Talvez o jornal seja sua única fonte de estímulo intelectual.

Como Ler os Jornais?

Porém, não devemos menosprezar os jornais. A leitura cuidadosa de um jornal levaria um tempo considerável. Dizem que seu volume de informação equivale a dois livros de bolso. O importante, contudo, é você saber que não precisa de tudo que está contido no jornal.

Os Segredos da Produção Intelectual

A leitura equivalente a dois livros de bolso pela manhã faz o cérebro se cansar muito, portanto, se fizer uma leitura completa do jornal com o mesmo nível de atenção, acabará consumindo boa parte da capacidade energética de um dia de trabalho. Para evitar que isso aconteça, é importante selecionar as seções que contêm as informações necessárias e fazer a leitura atenta dessa parte. Para as demais partes, basta ter uma noção geral.

As revistas semanais também podem ser uma boa fonte de informação e, quando se trata de temas pontuais de interesse momentâneo, elas são a melhor fonte. Mesmo nesses casos, deve-se ler apenas as partes com informações relevantes e não perder muito tempo com o restante.

Há mais de cem anos Bennett nos advertiu para o fato de que a leitura matinal do jornal esgota a energia. Portanto, eu tenho consciência disso, mas continuo lendo jornais. O próprio Bennett admitiu que também lia diversos jornais por dia, mas não no período da manhã. É possível que ele adiasse para a tarde. Em geral, as notícias costumam ser negativas, e esse tipo de leitura deve cansar a cabeça.

As Leis da Sabedoria

Liberdade Econômica Gera Independência Intelectual

As Pessoas da Era Moderna Se Esqueceram do Verdadeiro Prazer Intelectual

Hoje está na moda a internet, e muita gente a utiliza como fonte de informação. Além de oferecer mecanismos que facilitam a pesquisa, dispõe de todos os tipos de dados. Esta é uma época em que até mesmo pessoas comuns podem transmitir informações e, assim, o número de escritores e de leitores cresce continuamente.

Nesse sentido, a internet está impulsionando a "popularização da sociedade baseada no conhecimento" ou a "democratização do conhecimento", e isso é bom. Por outro lado, quando se trata de estudar um assunto para alcançar um nível de especialista, sinto que está havendo uma tendência à superficialidade. Isso em parte está ligado à seleção de informações e de conhecimento. Além disso, é uma tendência atual pensar que os livros de papel estão fadados ao desaparecimento e que, em breve, todos vão ler apenas livros eletrônicos.

A democratização do conhecimento é uma coisa boa, porque muita gente vai ter fácil acesso aos livros e poder adquirir conhecimentos diversos. Por outro lado, também se pode dizer que vai aumentar o número de pessoas que desconhecem o verdadeiro sentido do prazer e da realização intelectual. As pessoas da Antiguidade conseguiam saborear coisas que provavelmente não somos capazes hoje.

No que se refere a livros, sempre procuro adquirir aqueles com bom acabamento, porque tenho uma sensação de riqueza ao lê-los. Como exemplares surrados ou de baixa qualidade não aguentam leituras repetidas, sempre que possível compro livros bem-acabados, com o intuito de relê-los quando ficar mais velho.

Ainda assim, hoje a qualidade dos livros é baixa. Antigamente, os livros vinham com as páginas lacradas no Japão. Na hora da leitura, era preciso romper o lacre com um cortador de papel. Imagine como a leitura deveria ser prazerosa. Não há como reproduzir essa experiência no mundo atual. Abrir uma página por vez à medida que a leitura avançava deveria proporcionar um prazer indescritível ao leitor.

Sobretudo quando se tratasse de um livro sério, a leitura deveria proporcionar uma alegria sublime: "Sou o primeiro da humanidade a ler esta página cujo lacre está sendo rompido por mim". É lamentável que ninguém mais possa experimentar hoje esse tipo de alegria sublime, nem mesmo eu.

Atualmente, resta-nos apenas abrir a embalagem das revistas semanais. Nos livros do passado não era assim. Imagino o ápice do prazer em romper o lacre de cada página e ler um conteúdo de valor.

Imagino que esse era um daqueles prazeres reservados aos nobres que viviam em palacetes, com um generoso acervo na biblioteca particular. Eram poucos os intelectuais na época, certamente. Hoje, esse tipo de prazer é inatingível.

As Leis da Sabedoria

O Patrimônio Pessoal é uma Poderosa Arma para o Produtor Intelectual

O que pretendo transmitir é o seguinte: "O mundo se tornou um local muito prático para se viver, e cada vez mais surgem pessoas de elevado nível intelectual, graças aos avanços na democratização do conhecimento. Infelizmente, porém, para se tornar hoje um produtor intelectual, é preciso ter certo nível de patrimônio pessoal que possa ser usado livremente.

No entanto, no passado, com frequência as pessoas diziam praticamente o contrário. Na filosofia da Índia, por exemplo, alguns conhecimentos foram passados apenas oralmente; as pessoas ouviam os ensinamentos transmitidos de boca em boca e os decoravam. Inclusive, antigos textos filosóficos como os *Upanixades* foram decorados na íntegra e transmitidos verbalmente.

Tradições como estas ainda existem, mas, se a pessoa que tem um estilo de vida intelectual quer se tornar um produtor intelectual hoje em dia, precisa ter certos recursos à sua disposição. Nesse sentido, podemos dizer que o patrimônio pessoal é uma "arma" de extrema importância para um produtor intelectual.

Se você quer resguardar seu estilo de vida intelectual, convém desconfiar de ideologias que não admitem bens pessoais, como o socialismo ou o comunismo. Em tais regimes, acaba prevalecendo a ideia de que o povo não precisa ter conhecimento nem informação, e que basta o povo ler as diretrizes ditadas exclusivamente pela elite do partido comunista. Ou ainda, o povo é levado a um nível equivalente ao da China da época em que se dizia: "Basta andar portando *O Livro Vermelho de Mao Tsé-Tung*". Se isso for aceitável

Os Segredos da Produção Intelectual

para você, então talvez possa se dedicar a uma ideologia que não admite patrimônio individual.

No entanto, para estar em uma circunstância em que possa estudar com liberdade e sem opressão, você precisa ter a garantia da liberdade econômica. Para defender a liberdade intelectual, é essencial ter certo patrimônio individual disponível. Quando o privam desse direito, a vida intelectual se torna muito difícil.

Antigamente, os aristocratas que viviam em países estrangeiros moravam em verdadeiros palácios. Os nobres britânicos que aparecem nos cinemas possuíam enormes propriedades, que tomavam posse por herança. Nesses países, a classe intelectual sobrevivia graças ao regime de herança, que garantia a posse sem perda.

No Japão, porém, devido ao sistema tributário, o dinheiro obtido por uma pessoa bem-sucedida que fez sua fortuna vai ser reduzido a zero em três gerações. O patrimônio desaparece completamente, consumido pelos impostos.

Um exemplo típico é o da família de Michiko Shoda, que se tornou imperatriz do Japão. A área de Ikeda-yama em Tóquio era considerada um bairro residencial de alto nível graças à presença da residência da família Shoda no local. Porém, após o falecimento do pai da imperatriz, seus irmãos tiveram de entregar o imóvel para pagar o imposto sobre herança. O irmão mais velho da imperatriz trabalha no Banco Central do Japão, e o mais novo, após trabalhar numa instituição financeira governamental, chegou a exercer o cargo de presidente numa empresa alimentícia de grande porte. Apesar de serem considerados pessoas de posse, tiveram de entregar o imóvel por não conseguirem pagar o imposto sobre herança.

As Leis da Sabedoria

A casa da família da imperatriz foi tomada e derrubada pelo governo, e atualmente é uma praça simples e desinteressante, tão pequena que nem serve para as crianças brincarem. Só deve estar gerando despesas de manutenção.

Nesse sentido, eu não posso concordar com filosofias que oprimem a liberdade econômica individual e acabam tolhendo a liberdade intelectual. Creio que esse é o caminho para a escravidão do ser humano. No passado, a ideologia da pobreza honesta pode ter sido interessante, mas não na era atual, pois as pessoas precisam de independência intelectual.

Preparo Espiritual para Gerar Tempo Intelectual

Na Medida do Possível, Cortar Relacionamentos Desinteressantes

Os profissionais que trabalham em empresas dificilmente conseguem ter uma produção intelectual; isso ocorre porque a empresa acaba se tornando uma espécie de vila de onde é difícil fugir dos compromissos sociais. Quem age de forma diferente dos demais, sempre acaba sendo alvo de críticas negativas pela falta de convívio social.

Por outro lado, quando se tenta realizar trabalhos relacionados à produção intelectual, é inevitável ausentar-se de compromissos sociais. Eu, particularmente, conscientizei-me cedo disso. Com exceção dos compromissos inevitáveis, sempre que possível procurei me ausentar dos compromissos sociais. Sem isso, não se consegue gerar tempo para a produção intelectual.

Na verdade, aprecio o convívio social, mas procurei evitar os desperdícios de tempo desde que decidi escapar dos compromissos. Nesse sentido, é possível que as pessoas me considerem alguém antissocial.

Como disse anteriormente, a ideia de Arnold Bennett de gerar 90 minutos por dia funciona para trabalhadores assalariados, mas só é possível com muito esforço. Alguns compromissos sociais são inevitáveis, mas outros são contornáveis. Procure se livrar daqueles encontros em que as pessoas participam só porque estão com tempo livre. O importante é cortar os relacionamentos desinteressantes sempre que possível.

Depois de Ingerir Bebidas Alcoólicas, a Atividade Intelectual Se Torna Inviável

Não é que eu não possa tomar bebidas alcoólicas, mas tenho evitado beber, porque não sou capaz de realizar atividades intelectuais depois de algumas doses. Está tudo bem tomar um drinque e se divertir ao encerrar o expediente e depois apenas ir dormir. Também não há nenhum problema se, ao final do dia, um operário bebe para relaxar e aliviar o estresse e vai dormir.

Por outro lado, seria muito difícil estudar ou escrever ao chegar em casa se a pessoa bebeu depois do trabalho; é praticamente impossível. A concentração cai e não se consegue ler. Escrever, então, se torna uma tarefa impraticável. Por isso fui deixando de tomar bebidas alcoólicas.

Habituar-se a Ter no Cotidiano o Momento de Atividades Intelectuais

Reservar tempo para atividades intelectuais é muito difícil. Um estilo de vida excêntrico como o de Kant permite um pouco mais de liberdade com os horários; no caso dele, como professor universitário ele podia levar uma vida equivalente à de um profissional autônomo sem ser criticado por isso.

Os Segredos da Produção Intelectual

Até certo ponto, ter tempo para atividade intelectual deve se tornar um hábito. E, para isso, você precisa pensar diariamente em maneiras de arranjar tempo para os estudos e a criação intelectual. Esta é a atitude fundamental a tomar. Quem não for capaz de criar este hábito, infelizmente não conseguirá ter um estilo de vida intelectual. Alguns escritores, quando jovens, se forçam e conseguem passar a noite em claro, escrevendo, para entregar a obra no prazo. É um estilo autodestrutivo e não dura muito. Na maioria das vezes, em algum momento ocorrerá um colapso devido à sobrecarga física ou mental.

Quando uma pessoa se concentra demais ou é submetida a um estresse extremo, se não tiver alguma válvula de escape pode sofrer, como reação, um colapso da personalidade. Quem está sempre preso ao trabalho e pressionado por prazos, infelizmente não consegue ser muito intelectual. É muito difícil isolar-se do mundo para escrever incontáveis episódios de um seriado, mas isso não faz de você um intelectual.

Minha Vida Intelectual e Por Que Escolhi Ser Executivo de Comércio Exterior

Para garantir certa independência intelectual, é muito gratificante ter uma base econômica consolidada. Além de reduzir o risco de ser controlado por um governo comunista ou socialista, não somos forçados a ler ou escrever sobre coisas de que não gostamos. Em outras palavras, temos liberdade para nos concentrarmos em coisas do nosso interesse.

Poucos falam sobre essa questão do patrimônio, porém esse é um conceito importante e é muito bom ter uma renda regular.

As Leis da Sabedoria

Como já expliquei algumas vezes anteriormente, escolhi ser um executivo de comércio exterior pelos seguintes motivos. Na época, poucas empresas adotavam a folga semanal de dois dias. A maioria trabalhava seis dias por semana, mas as empresas de comércio exterior já ofereciam folga de dois dias e um salário relativamente alto.

Além disso, fui designado para a área administrativa, ou seja, o departamento financeiro que lidava com os bancos. Os bancos fecham às 3 horas da tarde e, portanto, não acontece muita coisa depois desse horário. E, ainda por cima, os bancários não precisam manter compromissos sociais inúteis com os clientes após o expediente. Ou seja, escolhi um emprego que me garantia o tempo e a renda para estudar. Ao rever os anos em que trabalhei naquela empresa, sinto que fui bem-sucedido nesse aspecto.

Aprender Inglês – o Bônus por Trabalhar na Empresa de Comércio Exterior

O benefício adicional por trabalhar na empresa de comércio exterior foi aperfeiçoar meus conhecimentos de inglês. Profissionalmente, eu precisava estudar o idioma e assim acabei adquirindo fluência. Esse foi um ganho pessoal. Na empresa de comércio exterior, além do estudo em casa, eu podia estudar inglês durante o expediente.

Havia departamentos cujos funcionários usavam inglês o dia todo, tanto escrito quanto falado. Ler um livro em inglês é bem difícil, mas na empresa eu lia documentos em inglês o dia todo. Era um volume de leitura fabuloso. Se convertesse em número de livros, nem consigo imaginar quantos seriam.

Os Segredos da Produção Intelectual

Também escrevia cartas em inglês. E precisava redigi-las de acordo com os contratos. Datilografava e enviava cartas em inglês, e assim fui adquirindo naturalmente a capacidade de ler e escrever em inglês no trabalho.

Entretanto, isso não era suficiente. Era um mundo em que, para não ser derrotado pela concorrência, você precisava estudar muito mais ainda. Nem podia imaginar que precisaria e fortaleceria tanto a fluência em inglês.

Nasci e cresci numa cidade interiorana. Meus pais não tinham a menor condição de falar inglês. Não havia na minha família ambiente intelectual para usar línguas estrangeiras. Só comecei a falar inglês em função do ambiente profissional.

Graças a isso, atualmente consigo realizar trabalhos em inglês. Estou publicando obras intelectuais como livros e textos em inglês e, também, dando palestras em inglês. É realmente gratificante colher estes frutos como subproduto daquele ambiente profissional. Assim, o valor agregado pode ser ainda maior quando o trabalho tem alguma relação com as atividades intelectuais. Mas, em geral, as profissões não têm muita ligação com a vida intelectual.

Os trabalhos burocráticos, que lidam com papéis e documentos, podem ser interessantes como treinamento do cérebro; no entanto, isso vai deixando de ser trabalho intelectual depois de um longo período. Mesmo assim, muitos acreditam que esse tipo de serviço fortalece o cérebro, muito mais do que os afazeres domésticos.

Técnicas Profissionais para a Produção Intelectual

Crie Sua Própria Especialidade e Se Aprofunde

Outro tema que desejo abordar neste capítulo é o método de trabalho. Gostaria de enfatizar que há métodos de trabalho que geram a produção intelectual.

E quais seriam esses métodos? Claro, é importante ter interesse e afinidade, pois sem isso nada é possível. Mas você só consegue alcançar certa estabilidade interior se tiver algum tipo de especialização. Portanto, é preciso se aprofundar numa área específica até sentir que você atingiu, até certo ponto, o nível de especialista. Sem isso, por mais que conheça muitas coisas em diversas áreas, será apenas um "doutor em trivialidades" e nunca um "grande intelectual".

Hoje, no mundo dos meios de comunicação de massa, é comum os especialistas em processar informações triviais se tornarem famosos, mas eles não são intelectuais no verdadeiro sentido da palavra.

Sem algum tipo de especialização, você não consegue a verdadeira autoconfiança. É essencial que tenha um domínio profundo em alguma área e seja capaz de dizer que é um especialista. Uma vez adquirida essa competência, você deve ampliar gradativamente suas áreas de interesse e afinidade. É preciso cultivá-las pouco a pouco, como se faz com uma flor,

Os Segredos da Produção Intelectual

ora adubando, ora regando, ora proporcionando insolação. Não pense em colher as flores e logo colocá-las no vaso. Cultive suas áreas de interesse até alcançar a competência equivalente à de um semiprofissional, um nível anterior ao do especialista. Este processo está ligado ao próximo ponto que desejo abordar: a técnica de geração de ideias.

Pessoas com uma Única Especialidade Têm Ideias Limitadas

As pessoas que têm apenas uma especialidade se tornam incapazes de enxergar por outras perspectivas. Não conseguem produzir nenhuma ideia que agrade aos outros. Esta é uma das causas da incompetência de pessoas ditas "inteligentes".

Na área de humanas, por exemplo, existem muitas pessoas brilhantes em Direito que se tornam peritas em leis. Entretanto, quanto mais competentes, menos são capazes de realizar trabalhos comuns. Ficam limitadas e não conseguem ver as coisas sob outra ótica que não seja a da lei.

Apesar de inteligentes, um competente juiz, advogado ou promotor não conseguem ser úteis numa empresa. Eles não se adaptam a nenhum outro tipo de trabalho, e não teriam utilidade em outra área que não fosse sua especialidade. Talvez pudessem fazer o trabalho de perícia no departamento jurídico, mas nada além disso. Este é um dos riscos de se ter só uma área de especialização: a visão se torna limitada.

São raros os advogados que escrevem muitos livros. Isso vale também para promotores e juízes. De fato, a visão fica muito padronizada. Talvez, o mesmo ocorra com os médicos. Desde tempos remotos existem médicos que também são escritores, mas, em geral, sua produção intelectual é limitada.

Ser médico é uma profissão vitalícia, que proporciona uma renda relativamente boa e na qual dificilmente a pessoa é demitida, por isso é possível acumular bens para manter a independência intelectual. Ou seja, em todas as épocas sempre existiram médicos que pensaram em produzir obras literárias nas horas de folga, já que a profissão garante estabilidade patrimonial. No entanto, os médicos competentes não reúnem condições para escrever. Até conseguem escrever teses nas suas áreas de especialização, porém vão se tornando inábeis nas demais.

Na era moderna, as pessoas competentes tendem a se especializar; assim, tais médicos se tornam incapazes de lidar com o corpo inteiro e provavelmente acabam virando especialistas em algo. Claro, não há nenhum problema se a pessoa se satisfaz apenas em ganhar a vida e continuar em sua área de especialização.

Ao Persistir em uma Área Que Não é a Sua Especialidade, Você Vai Se Tornando Semiprofissional

Se você pensa em orientar intelectualmente outras pessoas, por meio de palestras ou publicando seus pensamentos em livros, os estudos especializados numa única área não são suficientes.

Imagine que você é advogado e também se interessa por literatura – aprecia ler romances, por exemplo. Se passar de certo nível de dedicação, pode até se tornar um literato. Ou então, se você é um cinéfilo, talvez acabe conhecendo tantos filmes quanto um crítico de cinema. Isso pode acontecer.

Os Segredos da Produção Intelectual

Também pode ser o caso de um advogado que tem interesse em economia e se torna um estudioso nessa área; ou uma pessoa que se especializou em leis e, tendo interesse em política, continua estudando o assunto mesmo depois de formado.

Estes são exemplos de especializações que vão além da profissão principal. Quando você dá continuidade aos estudos nessas áreas paralelas, aos poucos se tornará semiprofissional. Isso vai lhe proporcionar uma visão diferenciada das coisas.

Em geral, um especialista em leis só consegue expressar suas opiniões do ponto de vista das leis, e nada além disso. Porém, se ele tiver interesse por leitura de romances e já leu muitos deles na vida, vai ser capaz ver as situações por diferentes perspectivas e poder dizer coisas como: "Minha opinião como jurista é essa; porém, na sociedade em geral, um caso como esse pode ser tratado desta ou daquela maneira". Enfim, essa pessoa transcendeu o âmbito do Direito, o que ampliou sua visão, e ainda tem potencial para se tornar um escritor, fazendo uso ao mesmo tempo do conhecimento das leis.

É raro um advogado que se interessa pela leitura de romances. Mas, se além disso, ele entender de economia e conseguir escrever sobre algo também do ponto de vista econômico, isso lhe dará outra perspectiva. E se for capaz de falar sobre política, seu campo de especialização gradualmente vai se expandir ainda mais.

O que aconteceria se um advogado se especializasse também em economia ou política? São muitos os casos de advogados que se tornaram políticos. Estas pessoas em geral já tinham interesse em outras áreas e as estudaram antes.

As Leis da Sabedoria

Sem isso, seria muito difícil se tornarem políticos. Claro, talvez fiquem estagnados como advogados e em determinado momento precisem cessar a busca por conhecimento em outras áreas fora de sua especialidade, mas pode ser que alcancem sucesso em outros campos.

Poucos são os políticos que escrevem livros. Podem chegar a escrever um livro com a ajuda de um *ghost-writer* antes de assumirem um cargo público, mas provavelmente isso é o melhor que conseguirão fazer.

De qualquer maneira, a política é uma profissão altamente criativa, uma vez que os políticos precisam pensar em coisas novas e criá-las. Pode-se dizer que traçar o rumo ou desenvolver a estrutura de uma nação é um processo criativo e, para conseguir realizar esse trabalho, os políticos devem ter uma visão ampla ou múltiplas perspectivas. Isso é essencial.

Adquirir Novas Perspectivas com o Domínio de uma Língua Estrangeira

Informações Inacessíveis no Seu País Podem Ser Obtidas na Mídia Estrangeira

Na primeira metade deste capítulo, falei sobre o aprendizado do inglês. Particularmente na era atual, a questão da língua tem um peso muito grande.

O Japão conta hoje com uma população de mais de 120 milhões de habitantes, mas fora do país é muito pequeno o número de pessoas que falam japonês. O idioma só é compreendido por aqueles que o estudaram na faculdade ou já moraram no Japão. Por isso, não há perspectiva de que seja adotado como língua oficial pela ONU. Assim, em algum momento da nossa vida precisamos ter o domínio de uma língua estrangeira.

Leva-se muito tempo para dominar uma língua estrangeira, mas, depois que você alcança determinado nível, consegue ver o mundo por uma nova perspectiva, além de poder adquirir informações inacessíveis em sua língua materna. Nesse sentido, o mérito intelectual é muito grande.

Atualmente, assisto à CNN todas as manhãs. As regiões cobertas pela CNN são aquelas nas quais as emissoras ou os jornais japoneses não mantêm correspondentes. Os repórteres deste canal estão sempre fazendo matérias em locais onde há troca de tiros de canhão, tanques de guerra e fogos. Os jornalistas japoneses não vão a esses locais porque não querem arriscar a vida, então enviam artigos que foram editados e se originaram de reportagens feitas em outros países. Assim, poder assistir à CNN é uma grande vantagem, porque você fica sabendo de eventos que de outra maneira não teria conhecimento em sua língua materna. O domínio da língua estrangeira nos oferece esse tipo de benefício.

Em 2003, houve a Guerra do Iraque e, antes, a Guerra do Golfo, entre 1990 e 1991. Na época, o próprio Saddam Hussein, líder do Iraque, assistia atentamente à CNN. Dizem que, pelas informações da divisão militar do seu país, ele não conseguia saber onde estava sendo atacado. Sem a CNN, não saberia onde os inimigos estavam atacando.

Sem dúvida, existem muitas vantagens em dominar um idioma global em um nível que permita boa comunicação, tanto para transmitir como para receber informações. Enquanto não se atinge esse nível, o idioma não tem grande serventia, mas, uma vez que se adquire fluência, esse conhecimento pode ser extremamente útil.

O mérito é muito grande quando se consegue ler jornais e assistir a canais de tevê em inglês. Também é igualmente benéfico ser capaz de ler livros em uma língua estrangeira.

Não Tenha Pressa para ser Fluente no Idioma – Aja como Quem Cultiva Sementes

Não seja impaciente durante o processo de aprendizado. É verdade, algumas pessoas talentosas conseguem dominar uma língua estrangeira num curtíssimo período de tempo, mas, às vezes, só adquirem um conhecimento superficial. Também há muita gente que logo se torna capaz de manter uma conversação, mas não vai muito além disso. Portanto, não se lamente se você demorar para obter proficiência.

Aprender a fundo uma língua estrangeira é como a atividade na lavoura; é preciso continuar estudando e dizendo a si mesmo que os frutos não aparecem de imediato.

Em 2011, dei palestras em inglês em sete locais diferentes da Ásia (Índia, Nepal, Filipinas, Hong Kong, Cingapura, Malásia e Sri Lanka). Não deixei de estudar o idioma um dia sequer, mas, fazendo uma retrospectiva daquele ano, vejo que me dediquei a várias línguas além do inglês.

Primeiro fui à Índia; então, no início estudei o idioma híndi. Além de Déli, também visitei Mumbai. Ali se usa o idioma tâmil e estudei-o um pouco.

Em Cingapura, estava prevista uma sessão de perguntas e respostas após a palestra em inglês. O povo de lá fala inglês com sotaque chinês, conhecido como *singlish*, que é o inglês coloquial cingapurense, e por isso havia um alto risco de que eu não conseguisse entender as perguntas. Para pegar o sentido, eu precisaria entender chinês, em particular o dialeto falado no sul da China.

Tive a oportunidade de conhecer um pouco desse dialeto quando dei uma palestra em Taiwan em 2008. Isso me deixou familiarizado com o som das palavras chinesas e serviu de treinamento para identificar sotaques. Estudei-o para conseguir prever como seria o inglês falado misturado àquele sotaque.

Mesmo que você não consiga de fato aprendê-lo a fundo, se estudar um pouco que seja a pronúncia dos dialetos do sul da China, como o cantonês, ao ouvir o inglês falado com aquele sotaque, poderá ter uma ideia do inglês original e deduzir o que as pessoas estão dizendo, mesmo com um sotaque carregado. Foi o que fiz.

Além desses estudos, também me dediquei um pouco ao tailandês, embora a viagem ao país tenha sido cancelada devido às enchentes que ocorreram. Na Malásia, estudei malaio. E, por último, antes de ir ao Sri Lanka, estudei o cingalês, idioma usado por cerca de 70% da população. Li diversos livros em cada idioma. No entanto, me conformei em não dominar essas línguas, pois tenho consciência de que não é uma tarefa fácil.

Na verdade, são necessários muitos anos para alcançar esse domínio, e não é algo que se possa fazer rapidamente. O que fiz foi uma espécie de semeadura. Seria como arar e preparar a terra e depois semeá-la. Assim, tenho procurado estudar um pouco a língua de cada terra para onde vou. Espero que frutifiquem pouco a pouco, de acordo com minhas aptidões. Porém, meu foco principal é o inglês e, portanto, procuro não negligenciar no seu estudo.

As Diferenças Étnicas e Culturais Ficam Evidentes em Japonês e Inglês

Conhecer uma língua estrangeira também significa entender a cultura do povo que a usa, e isso é extremamente importante. Se você compreende um idioma, consegue entender a cultura de seu povo, sua história e as diferenças na forma de pensar. Este é um ponto de enorme relevância.

Inclusive, há quem diga até que: "É mais fácil entender suas palestras em inglês do que em japonês". Alguns comentam que, em inglês, a estrutura da frase é muito mais lógica, e as conclusões são expressas de um modo bem mais claro. Por isso, as palestras dadas em inglês são muito mais fáceis de entender.

O idioma japonês usa uma linguagem sutil e expressões indiretas que acabam dificultando a compreensão. De fato, damos muitas voltas e usamos termos ambíguos, tendo o cuidado de não sermos muito conclusivos para evitarmos receber críticas. Isso se aplica sobretudo aos políticos japoneses, e os jornais costumam "traduzir" seus discursos, colocando-os em uma linguagem mais acessível. No caso do idioma japonês, é preciso falar de forma mais suave para não parecer ríspido; por isso, a língua não é muito clara.

Mesmo quando minhas palestras são traduzidas do japonês para o inglês, nem sempre ficam mais claras. Há diferenças entre palestras feitas em inglês e em japonês para uma plateia japonesa, pois nem sempre as traduções são inteligíveis de forma direta.

De qualquer modo, estudar a cultura e o padrão de pensamentos de estrangeiros nos proporciona uma perspectiva muito mais ampla. Talvez isso seja um passo importante como preparação para aprender "um idioma alicnígena" (*risos*).

Estudar História para Ser Culto

Quando Ficamos Adultos, Acabamos Nos Esquecendo da História Aprendida na Escola

Assim como os idiomas fazem parte da bagagem de uma pessoa culta, estudar História pode ser igualmente importante. É comum estudarmos História na fase dos exames vestibulares, mas, em geral, um ano após ingressar na faculdade, já nos esquecemos do que foi aprendido. E mais: quase ninguém volta a estudar História depois que entra para o mercado de trabalho.

Mesmo lendo romances históricos ocasionalmente, a maior parte das pessoas se contenta em ler um único livro durante as férias, porque esta atividade demanda muito tempo. No entanto, é preciso ter interesse por História.

Talvez seja difícil achar tempo para ler livros de História quando você está ocupado com seu trabalho, mas é importante manter esse interesse. Procure ler sobre o assunto aproveitando pequenas brechas de tempo, caso contrário acabará se esquecendo de tudo que já aprendeu.

De acordo com minha experiência, os conhecimentos adquiridos na época dos exames vestibulares são praticamente extintos depois dos 30 anos. Aos 20 anos, ou pouco mais, as pessoas acreditam que, se voltarem a estudar, ainda podem prestar o vestibular e serem aprovadas. Porém, quando chegam aos 30, esse ímpeto desaparece de repente e elas concluem que já não dá mais para estudar tudo aquilo de novo, ou que não seriam aprovadas nos exames. É assim que uma pessoa se sente aos 30.

    Por outro lado, você vai adquirindo outros conhecimentos, bem diferentes daqueles. Como um adulto funcional, você tem um estoque maior de experiências, recebe muitas informações novas e os velhos conhecimentos já não vêm à mente.

    Assim, acredite nisso: as coisas que você aprendeu no passado vão continuar desaparecendo do seu cérebro, e numa velocidade muito maior do que pode imaginar. Quanto mais experiências você acumula, mais depressa as antigas informações vão sumir. Por isso, de tempos em tempos, procure resgatar com dedicação os conhecimentos que podem lhe ser úteis no futuro.

Desconhecer a História de Seu País Pode Ser Motivo de Arrependimento

Numa viagem internacional, se você não puder falar uma língua estrangeira como o inglês, por exemplo, estará sujeito a passar por dificuldades e aborrecimentos. Além disso, vai se sentir constrangido e arrependido se não conseguir falar sobre seu país.

    Quem já trabalhou no exterior, fez intercâmbio cultural ou apenas viajou para fora sabe disso. Quem já travou diálogos intelectuais com estrangeiro também compreende como é terrível não conseguir dizer muita coisa sobre sua própria nação. Isso fará despertar seu interesse por seu povo e você terá vontade de estudar de novo.

As Leis da Sabedoria

Claro, devemos saber falar sobre atualidades do país, mas temos de conhecer também sua história. Eu, particularmente, quando me preparava para o vestibular, tive de estudar a história do Japão e História Geral. Mesmo assim, aos 30 e poucos anos, ao iniciar muitos outros estudos, fui perdendo a memória. As informações foram desaparecendo, e comecei a confundir a ordem das eras: Hakuhô, Heian, Kamakura, Muromati, Sengoku...

Portanto, de tempos em tempos, precisamos resgatar o interesse por esse assunto. Quando sentir que sua memória está se esvaindo, faça leituras nas horas de folga. Você pode começar com algo simples, como um guia para iniciantes, ou até mesmo ler um romance histórico.

O famoso escritor japonês Ryoutaro Shiba publicou vários romances históricos, obras de conteúdo relativamente difícil. E seus livros tiveram uma aceitação muito ampla. Seu livro *Saka no Ue no Kumo* ("Nuvens sobre a Colina") é um tomo pesado, com vários volumes. Dizem que foram vendidos cerca de 20 milhões, o que é inacreditável se considerarmos a população do Japão. É possível que muitos compraram e não leram.

No caso de História, por exemplo, se você gosta de algum autor, pode se comprometer com ele e ler suas obras continuamente; isso lhe dará uma visão geral do assunto. Quando se tem afinidade com o pensamento ou o estilo literário do autor, você pode ter mais facilidade na leitura de suas obras. Esse tipo de esforço vale a pena.

Sua memória da História Geral também vai se esvair com o tempo; então, tente se empenhar para ler muito sobre os países pelos quais se interessa.

Como Manter o Estilo de Vida Intelectual Necessário para a Produção Intelectual

Inovação a Partir da Combinação de Elementos Diferentes

Você se tornará uma pessoa culta praticando os seguintes hábitos: manter esforços para cultivar as especialidades relacionadas com o seu trabalho e as áreas correlatas; adquirir novas fontes de informação com base em novas visões e cavar a mina de ouro dos "conhecimentos linguísticos"; interessar-se por diversos assuntos, como História e Literatura estrangeiras; e ser capaz de conversar com outras pessoas sobre seu país.

Ao colocar estes hábitos em prática, além de se tornar culto, você passará a ter uma visão muito diferenciada em termos de produção intelectual, pois raramente as pessoas conseguem fazer tudo isso hoje em dia.

Como disse Peter Drucker, estudioso da gestão empresarial: "A inovação é o descarte sistemático de métodos velhos". Numa abordagem científica, a inovação é a combinação de elementos diferentes. Assim como a água se forma pela união de moléculas de hidrogênio e oxigênio, a inovação ocorre quando elementos díspares se unem. Do mesmo modo, se você possui elementos diferentes e se esforça para que não acabem simplesmente como uma miscelânea de informações, sua produção intelectual irá se ampliar.

Muita gente com formação em Exatas se surpreende quando encontra uma pessoa da área de Humanas que conhece um pouco de ciências. Mesmo que esse conhecimento seja banal, causa admiração nos outros. Ao menos, é o que tenho observado.

Provavelmente quase todo mundo já ouviu algo sobre a teoria do Big Bang; no entanto, quando alguém de Humanas usa expressões do tipo "universo inflacionário" ou "mundos paralelos", aqueles que pertencem à área de Exatas ficam admirados. Mesmo que a pessoa tenha usado tais expressões sem a devida profundidade ou compreensão, deixa os demais impressionados, perguntando-se: "Como ela sabe de coisas que só as pessoas de Exatas conhecem?".

Na verdade, esse tipo de conhecimento pode ser adquirido pela simples leitura de um livro de bolso. Se você se interessa pelo assunto, basta ler esse tipo de livro esporadicamente ou artigos que de vez em quando são publicados na seção de ciências dos jornais. Hoje, essas matérias aparecem até mesmo em revistas semanais do tipo *Newsweek*, o que facilita o acesso a temas de áreas diferentes da sua.

O Importante É Coletar as Informações e Cristalizá-las

Neste capítulo, analisei em detalhes os métodos de estudo, mas, enquanto você vasculha diferentes áreas do conhecimento, deve eleger um tema como prioridade e pensar em como poderá gerar resultados sem perder o foco. De fato, qualquer pessoa pode reunir informações, desde que se habitue a fazê-lo, mas é muito difícil conseguir "cristalizá-las".

Os Segredos da Produção Intelectual

Quando o assunto é o amor, com frequência vem à tona a história das "minas de sal de Salzburgo", narrada na obra *De l'amour*, de Stendhal, que li há muito tempo. Lembro-me de que aquela hábil descrição tinha mais ou menos este sentido: "O amor é como a 'flor' de Salzburgo (cidade da Áustria). Quando se deixa um ramo de árvore na mina de sal, depois de um tempo os sais se cristalizam, aderem ao ramo e se transformam numa flor de cristais. Enquanto não se transforma em cristal, o amor não é verdadeiro".

> Em Salzburgo, lança-se nas profundezas das minas um ramo de árvore desfolhado pelo inverno; dois ou três meses depois, ele é retirado, coberto de cristalizações brilhantes: os galhos menores, que não são mais grossos do que a pata de um chapim, estão enfeitados de uma infinidade de diamantes, móveis e resplandecentes; não é mais possível reconhecer o ramo primitivo.
>
> O que eu chamo de cristalização é a operação do espírito que descobre em todas as coisas novas perfeições do ser amado.

Numa produção intelectual, não basta ter o "sal"; o importante é transformá-lo em "cristais". Para isso, é preciso haver algum tipo de motivação, ideal ou desejo nobre, como "Usar meu conhecimento para servir ao mundo, mesmo que em pequena escala", "Motivar as pessoas", "Orientar o povo", "Ensinar a solução para quem estiver em dificuldade". Enquanto a pessoa mantiver aspirações assim, conseguirá levar um estilo de vida intelectual que permite gerar produção intelectual.

As Leis da Sabedoria

10

Exercícios Físicos Moderados São Necessários para a Produção Intelectual

No começo deste capítulo, mencionei que Kant costumava fazer caminhadas. Estudar por longos períodos causa tensão no corpo e enrijece os músculos dos ombros. Além disso, esgota o cérebro e provoca má circulação sanguínea, o que dificulta o estudo e reduz o rendimento.

Portanto, para melhorar a circulação sanguínea você precisa incluir em sua rotina exercícios físicos moderados. Escolha algum tipo de exercício que já tenha praticado, mesmo que no final acabe apenas saindo para caminhar.

Em geral, quando se perde a concentração para a leitura, a causa reside na má circulação sanguínea. Inclusive, no caso de vestibulandos, a perda de rendimento no estudo é provocada pela falta de exercícios físicos. Sei por experiência própria que, quando minha circulação sanguínea melhora, aumento minha velocidade de leitura em dez vezes. A fadiga pode se instalar facilmente; por isso, todos os esforços são interessantes para aumentar a produção intelectual.

Falei aqui sobre a produção intelectual em linhas gerais. Talvez este capítulo pareça um pouco óbvio para pessoas de meia-idade, mas incluí pontos que considerei ser novidade para os jovens. Espero que muitos se sintam motivados e lancem obras intelectuais num futuro próximo.

Capítulo Três

O Poder para Romper Paredes

O Poder da Mente Que Derrota o Pensamento Negativo

O Poder para Romper Paredes

O Pensamento Negativo é Forte no Mundo Todo

Muitas Pessoas Costumam Se Chocar Contra Paredes

O título deste capítulo é "O Poder para Romper Paredes", um problema que parece ser bastante comum. Em outras palavras, aparentemente muita gente tem o vício de se chocar contra paredes. Eu mesmo não costumo fazer isso, mas parece que muitas pessoas enxergam uma parede em seu caminho, debatem-se contra obstáculos psicológicos e não conseguem ultrapassá-los.

Talvez você também sonhe em ter uma varinha mágica capaz de "romper paredes". Então, vou abordar esse assunto de maneira consistente.

O Padrão de Pensamento Negativo e a Resistência ao Novo

Antes de mais nada, o que tenho a dizer vale praticamente para todos os indivíduos. De forma geral, o pensamento negativo está muito forte no mundo. As pessoas têm uma grande propensão a serem arrastadas para o pensamento negativo.

Com frequência, esse pensamento negativo vem seguido de um modo de pensar que tenta manter o *status quo*. Isto é, primeiro a pessoa rejeita o que é novo, desconhecido ou sem precedentes, então adota um tipo de raciocínio para preservar a situação como estava. É provável que muitos caiam nesse padrão mental.

Quando se tem este tipo de pensamento, qualquer novo desafio vai se assemelhar a uma "parede" intransponível. Toda e qualquer tentativa de começar algo novo vai parecer uma barreira ameaçadora e angustiante, e surgirá a pergunta: "Como superar essa dificuldade?".

Contudo, não existem manuais que nos ensinem a vencer cada um dos obstáculos que enfrentamos na vida. A única saída é buscarmos as respostas baseando-nos nas opiniões e experiências dos outros até chegarmos às nossas próprias conclusões.

Apesar disso, como "pensar" é algo extremamente difícil, as pessoas preferem se recusar a fazer qualquer esforço e acabam voltando a ter pensamentos negativos do tipo: "É difícil demais! Não adianta fazer nada! É melhor deixar como está!". Sinto que essa força está atuando em todos os povos.

A Importância do "Olhômetro", Que Pode Ser Aprendido Atravessando Rios

Encarar um novo desafio é como tentar nadar rio acima contra a correnteza, ou tentar atravessar o rio em linha reta. Por mais que a pessoa tente chegar à outra margem nadando em linha reta, sempre vai ser arrastada pela correnteza e levada rio abaixo. Portanto, quando queremos chegar ao mesmo ponto na outra margem, devemos nadar em uma linha diagonal rio acima.

Faço essa afirmação com base em minha própria experiência de vida. Diferentemente das crianças de hoje,

O Poder para Romper Paredes

cresci cercado pela natureza e nadei muitas vezes no rio Yoshino, na província de Tokushima, onde nasci e fui criado. Costumava ver placas de "Perigo!" nas margens do rio, mas, como era jovem, a existência de perigo só serviu para aumentar minha determinação. Talvez um empreendedor deva passar por riscos de vida na infância para ser bem-sucedido nos seus empreendimentos.

Enfim, no que se refere à travessia de um rio, quanto mais você desenvolve sua capacidade de calcular a força da correnteza e a força que terá de fazer para nadar e chegar a determinado ponto na outra margem, melhor você fica. Quando esse "olhômetro" começa a funcionar, é sinal de que estamos melhorando. Isso também vale para a vida de modo geral; é importante aprimorar a "capacidade de calcular", a habilidade de pressupor em que ponto você chegará se continuar se esforçando e lutando contra as diversas forças contrárias que surgirão. Trata-se do "olhômetro" para alcançarmos finalmente o ponto almejado.

Substituir as Desculpas por Ideias Positivas

Hoje, é cada vez maior entre as pessoas a tendência de "inventar uma lista de justificativas de por que algo não daria certo". Se você perceber que tem esse comportamento, precisa prestar atenção em si mesmo e mudá-lo. Em outras palavras, é importante perceber que você está inventando desculpas e criar o hábito de substituir aqueles pensamentos por ideias positivas.

O mundo está repleto de coisas que não podemos fazer. Na maioria dos casos, as leis e os regulamentos estão tolhendo as pessoas, pois só trazem avisos de que não é permitido fazer isso ou aquilo. Por exemplo, seja no regulamento de escola ou de empresas, só há proibições. Raramente constam as permissões.

Mesmo nos regulamentos internos de uma empresa, pode haver regras que determinem os limites de jurisdição de acordo com as diferentes posições hierárquicas dos funcionários, mas nunca é citado o que é permitido para todos. Além disso, é muito raro encontrar regras que descrevam o que os novos funcionários têm permissão para fazer. O que é comum são os níveis de competência para aprovar verbas até certos montantes, proibindo as decisões acima desses limites.

Em nossa sociedade, há ainda as proibições de consumo de cigarro ou de bebidas alcoólicas por menores de 18 anos, mas não há muitas leis ou regulamentos que especifiquem "o que é aceitável fazer". Assim, você precisa partir para uma abordagem que permita se libertar de regulamentações negativas, caso contrário as coisas não avançarão.

Eu mesmo já passei por situações desse tipo. Por exemplo, quando dei a palestra "O Poder para Romper Paredes", que deu origem a este capítulo, na noite anterior recebi a seguinte solicitação do Departamento de Difusão da Fé em El Cantare (um dos departamentos da Happy Science): "Como será transmitida via satélite para todo o país, favor fazer uma palestra tal que as pessoas de todas as camadas sociais possam romper paredes". Era um pedido difícil demais; senti que aquele departamento estava sendo negligente.

Então, disse à minha família: "Ah, sinto que meus olhos estão um pouco inchados! Talvez não consiga dar a palestra amanhã!". Mas ninguém se comoveu. Depois, quando estava deitado lendo um livro, comentei de novo:

"Ai, estou com cãibra na coxa esquerda. Acho que amanhã não vou conseguir ficar de pé". Então, minha segunda filha, que tinha acabado de chegar do alojamento da Academia Happy Science, trouxe-me algumas pedras de gelo e disse: "No departamento de dança curamos isso com gelo". Com a compressa de gelo a dor passou imediatamente e consegui me manter de pé.

Por mais que eu tentasse inventar justificativas para não dar aquela palestra, meus discípulos não acreditavam. Tentei empurrar a tarefa para outros, dizendo: "Se eu tirar o dia de folga amanhã, você pode dar a palestra no meu lugar?", mas ninguém me deu ouvidos. Enfim, eu também tenho muitas paredes, no sentido de que ninguém pode me substituir.

A Experiência Negativa com Instituições Financeiras

A tendência a inventar justificativas para não fazer as coisas costuma ficar mais forte com o avanço da idade. Mas ela também pode ser encarada como um outro lado da sabedoria. Antever o perigo ou o fracasso num estágio inicial e pensar "Isso não pode! Aquilo não pode!", de fato pode ser a manifestação da sapiência ou uma espécie de sensatez consolidada. No entanto, se esse tipo de pensamento for frequente, acabará se tornando um obstáculo para que as coisas evoluam.

Isso também vale para escolas e empresas. Se, por um lado, é problemático quando existem diversas restrições, por outro a instituição deixará de progredir como um todo se o critério exigido de um bom funcionário for o de memorizar todas as restrições. Se num banco, por exemplo,

As Leis da Sabedoria

os funcionários recebessem treinamento intensivo para decorar apenas as condições impeditivas de um financiamento, eles passariam a ter pensamentos negativos sobre esse assunto. E se ainda houvesse uma punição para os infratores, ninguém mais aprovaria financiamentos.

Recentemente, foi ao ar repetidas vezes na tevê japonesa uma novela que critica os bancos. Provavelmente, muita gente deve ter tido experiências ruins com eles e se identifica com os sentimentos mostrados. Quando as pessoas pedem empréstimos, garantindo que sua empresa vai dar bons resultados e crescer, os bancos em geral não acreditam. Claro, os bancos até concordariam se a empresa demonstrasse que foi bem-sucedida, mas o fato é que ela precisa do dinheiro antes. A necessidade de capital surge antes de se ter êxito. Por mais que se esboce a visão do sucesso, os bancos não acreditam. Eles exigem provas concretas e começam a fazer perguntas do tipo: "O senhor tem bens? Tem propriedades? Tem seguro de vida?". Diante de tantas exigências, o cliente perde a motivação e acaba optando por manter sua situação atual, desistindo do investimento. Em alguns casos, as pessoas tendem até a se retrair cada vez mais.

O Poder para Romper Paredes

A Força do Pensamento Necessária aos Líderes

Aprender com a "Força da Sobrevivência que Rompe a Resistência" Atuante na Natureza

Diversos obstáculos surgem naturalmente ao longo da vida, por isso é importante analisarmos como podemos atravessá-los usando novas formas de pensamento.

Observe a natureza. Por exemplo, mesmo quando o solo foi recoberto por concreto ou asfalto, às vezes surgem ervas daninhas ou até flores nas fendas e rachaduras. Sempre me impressiono quando vejo essas cenas e fico imaginando como as plantas encontram brechas tão minúsculas para sair.

Perto do local onde moro há brotos de bambu saindo de lugares inesperados que, na fase de crescimento, espicham abruptamente. Eles sabem que os seres humanos colhem-nos para comer. Assim, crescem numa velocidade impressionante, antes de serem descobertos. O período em que os brotos são comestíveis é de apenas alguns dias. Depois dessa fase, eles se desenvolvem muito rápido e ficam tão duros que perdem o sabor, e só nos resta deixá-los crescer. Talvez eles saibam que a vida será curta se não crescerem rapidamente.

Assim, também na natureza existe uma enérgica força de sobrevivência que atua para romper a resistência.

As Leis da Sabedoria

Claro, o mesmo ocorre com os animais; todas as criaturas enfrentam batalhas usando suas próprias "armas".

Porém, no caso do broto de bambu, sua taxa de crescimento é absolutamente irracional. Eles saem da terra e chegam a alcançar de 5 a 10 metros de altura. É inacreditável que haja tanto material submerso na terra para aquele crescimento. Depois de crescidos, o solo deveria afundar, mas isso também não ocorre. O bambu é duro, portanto, não é constituído só de água. Considero isso um mistério, e fico imaginando de onde vem tanto material.

A Força do Pensamento é a Mais Poderosa Arma do Ser Humano

Os animais também possuem suas próprias armas; cada um pode contar, no mínimo, com uma habilidade especial. Os gatos, por exemplo, são bastante medrosos, mas possuem grande agilidade e flexibilidade; então, dificilmente morrem quando caem de um muro. Raramente um gato morre de uma queda, a menos que seja atropelado onde caiu. Se fosse um ser humano, sofreria fraturas e seria levado ao hospital. Portanto, nesse quesito os gatos são superiores aos seres humanos.

O coelho possui o instinto de cavar buracos. Tenho vários coelhos em casa e, por não encontrarem terra para cavar, eles tentam ao máximo cavar buracos no tapete ou no sofá. Numa tentativa desesperada de aperfeiçoarem essa habilidade para não perdê-la, acabam destruindo a mobília. Apesar de receberem ração para cumprir a missão original de reconfortar o dono, em vez disso continuam energicamente tentando abrir buracos. Talvez seja o instinto de sobrevivência agindo, caso algum dia sejam abandonados na natureza.

O Poder para Romper Paredes

Assim, é verdadeira a afirmação de que todas as criaturas enfrentam muitas dificuldades na vida cotidiana, mas todos receberam algum tipo de arma para vencê-las.

O ser humano, considerado o "rei da criação", possui as mais diversificadas armas. E qual seria a mais poderosa? De fato, há limites para sua força física, mas, no que se refere à força do pensamento, há um potencial de crescimento considerável e um amplo espectro para sua aplicação. Em outras palavras, a capacidade de pensar cria liberdade de ação e diversidade nos humanos. Este aspecto é extremamente evidente nos seres humanos.

Um Líder Deve Planejar, e Não Pensar Só no Trabalho Atual

Gostaria de narrar um episódio como exemplo. Entre 1996 e 1998, a Happy Science estava construindo o Templo Matriz na província de Tochigui. Nessa mesma época, já havia o plano de construir o Templo *Shoshinkan*[1] de Tóquio. No entanto, como os funcionários da matriz moravam na cidade de Utsunomiya, quando foi anunciada a construção do *Shoshinkan* de Tóquio, ninguém se deu conta.

Quem mora em Utsunomiya só consegue pensar em coisas ligadas a essa cidade. O plano era construir o primeiro Templo *Shoshinkan* em Utsunomiya, depois o Templo *Miraikan* na mesma cidade e, por fim, o *Nikko-shoja* na mesma região. Portanto, imagino que eles só conseguiam pensar em como ser bem-sucedido na gestão do Templo *Shoshinkan* de sua cidade.

---

1. *Shoshinkan* e *Shoja* são templos da Happy Science, locais sagrados para cultos, preces e treinamento religioso.

As Leis da Sabedoria

Paralelamente, eu já tinha comprado o terreno para o Templo *Shoshinkan* de Tóquio e possuía o plano de sua construção, quando ainda nem havia construído o Templo *Miraikan* e o *Nikko-shoja*. No entanto, por mais que eu tentasse convencer meus funcionários desse plano, eles só conseguiam se concentrar primeiro em serem bem-sucedidos no Templo Matriz, para depois passarem à próxima etapa. Na ocasião, senti que de fato eles não conseguiam sequer pensar a respeito.

Porém, assim que o *Shoshinkan* de Tóquio ficou pronto, eles se tornaram obcecados por ele; só pensavam em seu funcionamento e não conseguiam entender que iríamos construir *Shoshinkans* regionais. Talvez não achassem que era possível. Acabaram se concentrando apenas em uma coisa e não tiveram a capacidade de pensar mais adiante.

E também na questão do tempo, nossa equipe parecia não ter a capacidade de pensar além do momento presente. Isso ocorreu inclusive com aqueles considerados altamente competentes.

Há uma filosofia que diz: "Viva cada dia como se fosse o último", e é importante se empenhar ao máximo a cada dia. Concentrar-se nas tarefas em andamento é uma ideia comum em qualquer ramo de atividade, mas quem lida apenas com o presente não pode se tornar um líder!

Empenhar-se ao máximo no trabalho atual é sem dúvida uma das qualidades de um líder, mas para ser um bom líder é preciso planejar, pensar em aspectos que ninguém ainda considerou. É de extrema importância pensar sempre em buscar novas possibilidades, novos métodos, novos empreendimentos, novas sementes de trabalho.

O Poder para Romper Paredes

Adquirir Profissionalismo

O Profissional Pode Ganhar Dinheiro e Ninguém Reclama

Também é importante conquistar a força do profissionalismo enquanto o indivíduo se expande para novas áreas. Em poucas palavras: o profissional é a pessoa que ganha dinheiro com seu trabalho.

É considerado profissional aquele cujo serviço prestado naturalmente deve ser pago. Se não recebe pelo trabalho, então se trata de um amador. A diferença entre profissional e amador é bastante clara.

O mesmo pode ser dito sobre os esportes. O futebol, por exemplo: muitos gostam de assistir e outros, de jogar. Entretanto, há uma diferença entre um profissional e um amador. Ninguém reclama se um profissional fatura milhões, porque seus ganhos apenas refletem a boa qualidade do que está fazendo; quanto mais ganha, melhor é o trabalho que faz.

Paga-se uma boa remuneração para um bom profissional, e ninguém reclama disso, porque esses profissionais proporcionam alegria a muitos. E naturalmente são tratados com respeito por todos. Por outro lado, se um jogador de várzea for muito bem pago, as pessoas com certeza vão achar que ele não merecia ganhar tanto dinheiro.

As Leis da Sabedoria

A Happy Science Está Se Tornando Cada Vez Mais Profissional

Nesse sentido, quando nos lançamos em novos negócios ou novas áreas, ou quando aceitamos desafios que até então éramos incapazes de encarar, estamos invadindo o mundo dos profissionais. Trata-se de uma luta cronológica e espacial até que uma pessoa que faz parte do mundo dos amadores se torne profissional.

A Happy Science começou como uma instituição religiosa; no início realizávamos sobretudo palestras e seminários. A principal função dos nossos funcionários era preparar e divulgar os eventos. Porém, com tempo, o trabalho foi se transformando. Começamos a construir centros com acomodações para treinamento espiritual, como os templos *Shoshinkan*.

Nossas equipes estavam acostumadas simplesmente a organizar eventos como palestras, e aquilo ia muito além da experiência que possuíam; eles não sabiam o que fazer. Como não tinham experiência no ramo hoteleiro, por diversas vezes construíram prédios semelhantes a escritórios, e depois tiveram dificuldade para adequá-los. De fato, ser profissional é muito difícil.

Porém, depois de administrar os centros por mais de dez anos, os diretores dos *Shoshinkans* e *shojas* adquiriram confiança e já atuam como especialistas na área. Foi assim que começou a ocorrer uma misteriosa reação em cadeia: "quando alguns conseguiram, os demais aprenderam". E ocorreu a profissionalização. O trabalho amadorístico se transformou pouco a pouco em profissional.

O Poder para Romper Paredes

A Atividade Educacional da Happy Science Está Se Profissionalizando Depressa

Quando uma instituição religiosa ingressa na área educacional, naturalmente oferece um serviço amador no início, e não merece retornos financeiros. Então, como transformar o trabalho amadorístico em profissional? Onde conseguir o *know-how*? Que tipo de esforço é necessário? Como devemos operar, quais os métodos, como gerenciar as pessoas e obter resultados dignos de um trabalho profissional? É preciso fazer esse tipo de questionamento, pois não é fácil uma instituição religiosa ingressar na área educacional. De fato, temos de conquistar novas competências e ao mesmo tempo avaliar em que ponto nos tornamos profissionais.

Hoje, a Happy Science administra a Academia Happy Science, nos níveis ginasial e colegial, em Nasu e Kansai, e também o Curso da Verdade Búdica, intitulado "Success Number 1" (Sucesso Número 1). Assim, aos poucos estamos acumulando *know-how* na área educacional. Além disso, atualmente nos preparamos para a fundação da Universidade Happy Science (planejamos abrir uma instituição religiosa de ensino superior, a Happy Science University, HSU, em abril de 2015).

Talvez a população em geral ainda considere a Happy Science inexperiente no meio educacional, mas também há muita gente surpresa com a velocidade de profissionalização que temos demonstrado num curto espaço de tempo.

Indubitavelmente, devemos nos tornar profissionais. Com certeza enfrentaremos fortes resistências enquanto desbravamos horizontes desconhecidos e nos profissionalizamos, mas precisamos superar essas barreiras.

As Leis da Sabedoria

Temos de encontrar respostas para questões como: "Qual o sentido e as possibilidades de embarcarmos na fundação de uma universidade, justamente numa época em que muitas delas estão falindo por causa do excesso de oferta?". "Quanto potencial ainda existe?" Como responder a essas perguntas é uma das paredes à nossa frente. Se seremos capazes de derrubá-la ou não, vai depender da evolução dos alunos que se graduarão na Universidade Happy Science.

O Poder para Romper Paredes

O Verdadeiro Cidadão do Mundo que Será Formado na Universidade Happy Science

Uma Escola para Desenvolver os Inúmeros Potenciais do Ser Humano

Enquanto nos estruturamos para fundar a Universidade Happy Science (HSU), já existem muitas outras instituições famosas no mercado. Inclusive ensinamos, na Academia Happy Science e no Curso "Success Number 1", técnicas para obter aprovação no vestibular dessas entidades. Mas, depois de fundarmos a HSU, o que devemos fazer se a Academia Happy Science se tornar uma ponte de acesso a essa universidade? Talvez deva haver uma diferença cultural entre uma escola preparatória para o vestibular e uma que dá acesso direto à universidade. Em muitas dessas escolas que possibilitam o ingresso automático em universidades, os estudantes acabam negligenciando os estudos, já que não precisam estudar com afinco para passar no vestibular.

No entanto, o importante é estabelecer um ambiente educacional que permita explorar os inúmeros potencias humanos – quanto maior o tempo de estudo do aluno, mais amplas suas possibilidades – e lançar pensamentos e métodos para o novo mundo. Tudo vai depender da nossa capacidade de construir algo assim.

De qualquer modo, hoje a Happy Science avança numa velocidade acima de qualquer expectativa em diversas áreas e, assim, estamos fortalecendo a confiança na instituição.

Como Formadores de Opinião, Nosso Papel é Mudar o Senso Comum do Mundo

Além de tudo, precisamos transformar os conceitos geralmente aceitos pelas pessoas. Quais são os fatores que constroem o senso comum dos povos? Um deles é a educação; outro, a política; e outro, os relatos dos meios de comunicação. Nesse sentido, no Japão a Happy Science está empenhada em abrir caminho para assumir o papel de líder e formadora de opinião, emitindo informações diversas, inclusive sob a ótica da mídia.

Estamos nos preparando agora para abrir uma instituição religiosa de ensino superior, a HSU; à medida que esses recursos humanos começarem a atuar em diferentes áreas, nossa religião poderá se solidificar e obter o reconhecimento da sociedade. Além disso, aquelas pessoas que antes tinham resistência ou medo em relação à Happy Science terão a oportunidade de conhecer o conteúdo da religião pelos resultados conquistados pelos formandos, nos trabalhos avaliados pela sociedade.

Uma Educação Que Possa Gerar Pessoas com Vontade de "Enriquecer" o Mundo

Hoje, a Happy Science está realizando no Japão reformas na área da educação, dos meios de comunicação e da política e, ao mesmo tempo, plantando as sementes do futuro no exte-

O Poder para Romper Paredes

rior. O que eu mais lamento é a pouca influência das coisas *made in Japan* no mundo.

Há muito tempo os japoneses são considerados *experts* em importar produtos estrangeiros, trabalhar neles e aperfeiçoá-los. Mas não há casos de países estrangeiros que tenham se desenvolvido e prosperado com base em novas invenções saídas do Japão. Se fizermos uma busca minuciosa, talvez encontremos uns poucos produtos, mas praticamente inexistem. Os carros da Toyota, por exemplo, podem até estar vencendo os concorrentes americanos em vendas, mas no Japão a companhia apenas aperfeiçoou carros que originalmente eram americanos e ganhou essa fatia de mercado deles batendo-os em termos de custo e desempenho. Porém, penso que isso não basta.

Seria formidável se o Japão pudesse apresentar um modo de superar os problemas e dificuldades do mundo usando métodos criados e testados no Japão. Assim, pretendo formar, na HSU, uma raça totalmente nova de indivíduos. Penso em formar um cidadão do mundo independente de etnia ou nacionalidade. Estou tentando criar uma instituição educacional capaz de formar um indivíduo que possa adquirir uma consciência global desde o início e queira cultivar e enriquecer o planeta como um todo.

O Construtor Que Quer Erigir o Templo
Que Transformará o Mundo

Certo dia, fui fazer uma visita de inspeção ao terreno onde está prevista a construção da HSU, na província de Chiba. A grande construtora que ergueu a Academia Happy Science de Nasu e de Kansai também estava encarregada desse

As Leis da Sabedoria

novo projeto, e a mesma pessoa responsável por ambas as academias iria cuidar da universidade. Esse homem já morou na área de Nasu, depois nas margens do lago Biwa, na região de Kansai, e agora se mudara para Kujukurihama, na província de Chiba, para continuar construindo.

Devido ao seu senso de responsabilidade, ele fincou uma placa no canteiro de obras com os seguintes dizeres em letras garrafais: "JURAMOS AQUI SER OS MELHORES MARCENEIROS DE TEMPLOS!". Ou seja, eles não estão construindo uma escola, mas um templo, e fiquei de fato impressionado com aquela determinação.

Planejamos construir também um salão de oração em formato de pirâmide, então é natural dizer que ficará parecido com um templo, mas foi gratificante saber que eles encaram este trabalho com a consciência de que esta não é uma escola comum. Além de construir, é possível que eles também estejam desejando que os alunos desta escola se tornem líderes internacionais que transformarão o mundo.

Também fiquei emocionado ao ver as cenas da construção da universidade no imenso terreno de muitos hectares e perceber o quanto avançamos, a partir dos nossos pensamentos, em 10, 20, 30 anos. No passado, já cheguei a dizer inadvertidamente: "Na minha geração, será quase impossível construir escolas". No entanto, assim que comecei a pensar a respeito, aquela realidade começou a se aproximar.

Mesmo que você considere impossível conseguir algo, se continuar se esforçando para pensar: "Não, talvez seja possível!", então vai descobrir que aos poucos aquilo ganha forma. E enquanto pensa sobre o que pode fazer, começa a golpear a enxada no solo, um golpe por vez; antes que perceba, isso irá se tornar uma fonte de força.

O Poder para Romper Paredes

Ideais Nobres Abrem Caminho

Os Efeitos da Educação Ocasionados por Minhas Apostilas de Inglês

Quando pensei a respeito do que eu poderia fazer, decidi retomar os estudos de inglês juntamente com o trabalho de difusão internacional. Assim, comecei a me engajar na elaboração de apostilas de inglês, que depois acabaram servindo para elevar o nível de inglês de muitas pessoas de nossa instituição, e sobretudo das que atuavam na difusão internacional ou em projetos educacionais.

Por exemplo, há alguns anos, quando iniciamos o trabalho de difusão internacional em larga escala, dei palestras em inglês na matriz da Happy Science a título de treinamento. Na época, quando reunimos as equipes, as duas fileiras da frente foram ocupadas por apenas cerca de 18 funcionários do departamento internacional que fizeram mais de 800 pontos no TOEIC[2]. Os demais não haviam alcançado essa pontuação.

---

2. O TOEIC® (Test of English for International Communication – Teste de Inglês para Comunicação Internacional) é um exame para comunicação internacional que mede a proficiência em inglês de um estrangeiro em situações cotidianas, sobretudo aquelas voltadas ao mercado de trabalho. É desenvolvido a partir de exemplos do inglês falado e escrito, extraído de diversos países.

As Leis da Sabedoria

Hoje (em maio de 2014), temos de 70 a 80 pessoas com mais de 900 pontos no TOEIC e cerca de 200 acima de 800. Graças aos efeitos da educação, a capacidade deles aumentou dez vezes ou mais.

Usando várias apostilas que desenvolvi, um aluno da primeira série ginasial da Academia Happy Science foi aprovado no Grau Pré-1 do exame *Eiken*[3]. Talvez ele seja um pouco inteligente demais, e fico imaginando se não seria melhor que ingressasse direto na faculdade.

Em geral, quando um adulto passa no grau pré-1 do *Eiken*, pode trabalhar no exterior; este é o nível de inglês a que me refiro. Ou seja, para trabalhar no exterior, o normal seria o indivíduo estudar inglês para negócios depois de se formar na faculdade. É impressionante que um aluno de 5ª série do Ensino Fundamental tenha conseguido chegar a um nível tão elevado.

E houve outro acontecimento impressionante. Minha segunda filha estuda na Academia Happy Science, enquanto seus cinco irmãos mais velhos estudaram nos colégios mais conceituados do Japão. E dentre todos, somente ela conseguiu ser aprovada no Grau 2 do *Eiken* na primeira tentativa, enquanto cursava a 6ª série do Ensino Fundamental.

Aparentemente, ela mesma se considerava a menos inteligente de todos, mas seus irmãos, que estudaram nos três melhores colégios do Japão, não foram aprovados em inglês no Grau 2 do *Eiken* naquela idade. Fiquei impressionado com o resultado que ela obteve em tão pouco tempo.

---

3. Foi criado no Japão um teste de inglês para aprimorar a proficiência dos japoneses no idioma. O teste é apoiado pelo Ministério Japonês de Educação, Cultura, Esportes, Ciência e Tecnologia.

Foi uma confirmação de que as minhas apostilas não eram tão ruins no final das contas.

Um Glossário de Inglês Que Supera os Três Melhores Colégios

Elaborei também um glossário de inglês para aqueles que se preparam para os exames vestibulares. Recentemente, quando meu terceiro filho (calouro da Universidade de Tóquio) deu uma palestra no curso "Success Number 1", intitulada "Estilo ideal de vida para vestibulandos", ele apresentou a apostila de capa verde "Glossário de Inglês para Vestibular Universitário – Versão Vencedora – Success Number 1". Depois, comentou que, quando mostrou o glossário para seus colegas de classe, eles ficaram muito impressionados porque havia muitas palavras que desconheciam.

    Venho colecionando e lendo os glossários de inglês dos demais cursos preparatórios. Dentre eles, considero o *Tetsuryokukai*, curso orientado pelos alunos da Universidade de Tóquio e frequentado pelos alunos dos três melhores colégios, como o de nível mais elevado. Mesmo assim, seu glossário de inglês é muito fácil. Eles fazem testes com base nesse glossário simples, e fica claro que o "Success Number 1" está muito à frente. Nossos alunos estudam termos que deixariam o pessoal do *Tetsuryokukai* definitivamente surpreso.

    Em matéria de glossários de inglês, dentre as apostilas de vestibular japonesas, certamente não há nada que chegue ao nível do material publicado por mim e, portanto, é natural que o índice de aprovação dos que o estudam por ele seja maior.

As Leis da Sabedoria

Desbravar o Caminho com o Maior Talento Humano:
a Força do Idealismo

Sem dúvida, é importante elaborar um plano, perguntar a si mesmo o que pode fazer para alcançá-lo e depois colocá-lo em prática aos poucos. Ao dar continuidade a isso, você vai acumular certa bagagem, que depois será sistematizada e organizada em etapas. Desse modo, pessoas de diferentes níveis poderão passar de um estágio para outro.

Cada tarefa individual talvez seja entediante. Porém, se você atacar a partir do seu ponto forte e criar uma lógica, conseguirá estabelecer um método de trabalho. Uma vez cumprida essa fase, pessoas de outras especialidades vão passar a colaborar com você, inspiradas por seu trabalho. Assim, muitos roteiros lógicos serão montados e o trabalho será concluído.

Ser polivalente não é tão simples assim. Porém, como nos exemplos dos animais que citei anteriormente, ao descobrir seus pontos fortes e introduzir inovações, você vai consolidar sua força de impulsão tanto em novos empreendimentos como em seu ingresso em mundos novos. Isso é fundamental.

O ser humano é capaz de ser bem-sucedido, desde que tente. Há um antigo provérbio que diz: "Nunca é tarde para aprender". Quando eu era jovem, esta frase parecia apenas palavras para mim. Hoje, consigo entender bem que, de fato, se tentarmos, não há nada que não possamos fazer.

Nossa capacidade é infinitamente elástica, seja aos 50, 60 ou 70 anos. Explorar novas áreas é possível. Talvez você tenha de se controlar para não se tornar um simples sonhador, mas, com esforço e desenvolvendo consistentemente seus pontos fortes, você vai ultrapassar o nível em que estava quando jovem, vai superar certo nível e, por fim, terá um avanço maior. E, à medida que for lançando novas ideias baseadas nos resultados atingidos, vai aumentar o número de pessoas que o seguem ou colaboram com você e, assim, será capaz de realizar grandes empreendimentos.

Acima de tudo, o importante é a força do pensamento, a força do ideal. Creio que a força para se ter um ideal é o maior talento de uma pessoa. O caminho não se abrirá se você não tiver o seguinte pensamento: "Quero fazer isso! Quero ser assim! Quero tentar fazer! Quero chegar até esse ponto!".

Ter um ideal que brota de dentro do coração, por si só, já é um talento. O que está brotando de dentro de você? Este algo que está germinando é o seu talento! E o fato de ter este talento significa que você tem esse potencial.

As Leis da Sabedoria

6

A Força de Gestão Que Rompe Paredes

As Funções da Gestão Resumem-se a Marketing e Inovação

O consultor administrativo Peter F. Drucker escreveu diversos livros sobre gestão empresarial, e ele mesmo fez uma síntese de seus ensinamentos. Em primeiro lugar, quando se trata da natureza básica da gestão, ele afirma que uma de suas funções é o marketing.

Marketing é fazer com que os clientes usem os produtos ou serviços que estão disponíveis no mercado. O trabalho basicamente é este: fazer aumentar o número de pessoas que usam determinado serviço ou compram um produto.

Outra função da gestão seria a inovação, segundo Drucker. Isso significa mudar e renovar as coisas continuamente de acordo com as diferentes circunstâncias.

Em suma, Drucker afirma que a gestão é composta de duas funções: marketing e inovação, e que o resto nem merece comentários. Portanto, basicamente, se você quer romper paredes, basta usar marketing e inovação.

As paredes que você tem de enfrentar podem surgir em algum negócio familiar ou no trabalho em uma empresa. Ou, em termos religiosos, podem aparecer nas atividades de difusão, na doação de livros, nas oferendas e em muitas outras áreas. Entretanto, uma das ferramentas que você deve usar é decididamente o marketing. Isso significa fazer com que um grande público perceba e reconheça o valor do seu produto ou serviço.

A segunda ferramenta que deve ser posta em prática é a inovação. De acordo com a fase em que se encontra o negócio, surgem necessidades diferenciadas, tais como ideias a serem implementadas, métodos para gerenciar as pessoas, como dispor de novos funcionários ou encontrar mais colaboradores. Em cada situação você precisa da força da inovação para fazer seu pensamento evoluir.

Se você utilizar estes dois recursos, com certeza vai progredir em seu trabalho, seja ele em uma empresa ou fora dela, numa entidade sem fins lucrativos ou no trabalho voluntário.

O marketing consiste em ensinar e convencer as pessoas de que seu produto é necessário; pessoas que até então não desejavam seu produto ou serviço ou que não consideravam necessária a fé religiosa. Isso é marketing.

Além disso, enquanto desenvolve seu próprio método de trabalho, ensine as pessoas sobre novos serviços, novos produtos e novas formas de pensar. Isso é inovação.

Lutar com estas duas armas para romper paredes. Eis o caminho para uma grande organização progredir.

A Missão do Líder é Pensar
Continuamente em Trabalho Eficaz

Sempre que possível, penso em maneiras de fazer com que um trabalho seja aproveitado de duas ou três formas. Fico pensando em utilizar o conteúdo de um trabalho num outro.

Por exemplo, procuro reaproveitar na difusão internacional o material utilizado na Academia Happy Science. Ou então, reaproveitar em outras empresas o que foi aplicado na difusão internacional. Assim, tento sempre multiplicar muitas vezes os resultados obtidos. Creio que a missão de um líder é pensar continuamente em como capitalizar os trabalhos de forma eficaz.

Neste capítulo, fiz uma introdução conceitual sobre o tema "a força para romper paredes". Por favor, rompa as paredes que estão à sua frente neste momento.

Capítulo Quatro

Técnicas para Gerar Ideias Extradimensionais

Como Ter Ideias Que Transcendem este Mundo

Técnicas para Gerar Ideias Extradimensionais

O Que É uma Ideia Extradimensional?

As Pessoas Têm Diferentes Necessidades para o Pensamento Extradimensional

Este capítulo tem um título bastante incomum: "Técnicas para Gerar Ideias Extradimensionais". As expectativas dos leitores quanto ao seu conteúdo talvez sejam bem distintas, e seria muito difícil fornecer informações que atendessem às diferentes necessidades das pessoas.

Talvez um empresário esteja buscando ideias para seu trabalho como presidente de empresa, enquanto um executivo pode querer encontrar soluções para seus problemas atuais. Já um estudante pode estar enfrentando um impasse nos estudos ou ter dúvidas com relação aos caminhos do futuro. Uma dona de casa que está passando por um conflito familiar talvez imagine que conseguirá resolvê-lo usando algum tipo de poder extradimensional. Enfim, as necessidades são diversas.

Não seria possível atender individualmente a todas as questões, e talvez não haja uma resposta perfeita para o seu caso, mas tenho certeza de que, só o fato de você entrar em contato com o conteúdo deste capítulo, algo em sua vida irá mudar a partir de hoje. De qualquer modo, gostaria de ajudá-lo a gerar ideias extradimensionais que correspondam à sua situação em particular.

As Leis da Sabedoria

Quando você pensa sobre o que é um raciocínio extradimensional, talvez imagine que vai desbravar o caminho para o sucesso recebendo algum tipo de orientação ou inspiração vinda de um mundo que transcende este nível terreno.

Na verdade, meu método de trabalho consiste em praticar exatamente as técnicas de geração de ideias extradimensionais. No entanto, como este processo é bastante complexo e impossível de ser explicado em detalhes no momento, então irei traduzir a geração de ideias extradimensionais para uma linguagem de mundo tridimensional.

Embora muita gente acredite que, para resolver seus problemas, basta receber diferentes inspirações vindas do mundo celestial, na verdade as coisas não são tão simples assim. De fato, há muitos Espíritos Guias de Luz no mundo celestial, mas existem alguns pré-requisitos para que eles possam lhe dar o aconselhamento e a orientação adequados. Se você quer solucionar seus problemas com a ajuda e orientação deles e abrir as portas para o futuro, terá de preencher algumas condições. Em outras palavras: raramente as coisas caem do Céu sem que nada seja feito.

Assim, pretendo falar neste capítulo sobre maneiras de criar uma ponte entre as ideias extradimensionais e as da terceira dimensão.

A Lei de Causa e Efeito Também Atua na Hora de Atrair o Poder Extradimensional

Então, afinal, o que é uma "ideia extradimensional"?

Pensando bem, toda vez que planejo fazer algo, eu mesmo não fico tentando receber inspirações e conselhos dos Espíritos Superiores na forma de ideias extradimensio-

Técnicas para Gerar Ideias Extradimensionais

nais. Na maior parte das vezes, nem me lembro disso. Quando procuro realizar algo com meus próprios esforços, esquecendo esse tipo de coisa, como resultado na verdade estou recebendo ajuda. É isso o que ocorre com frequência.

É de fato um mistério. Quando estou numa situação em que, sem os poderes extradimensionais o problema seria insolúvel, eles não se manifestam. Mas quando a situação seria solúvel mesmo sem usar os poderes extradimensionais, vem uma avalanche destes poderes. É realmente muito misterioso.

Por exemplo, quando persisto e me esforço para fazer algo sem essa ajuda, começo a receber todo tipo de orientação não solicitada. Porém, quando estou em situações nas quais me sinto perdido e não há nada que eu possa fazer sem essas orientações, infelizmente elas não vêm.

É realmente incrível! Sinto que "a chave para reverter a situação" está aí. É como o velho provérbio que diz: "Deus ajuda a quem se ajuda". É realmente assim.

Em outras palavras, quando não tenho consciência de que estou recebendo os poderes extradimensionais, na verdade é quando mais os recebo. Por outro lado, quando estou precisando desses poderes, tenho esperança de que se manifestem e sinto que tudo daria certo se os tivesse, lamentavelmente, eles não se manifestam. Parece maldade, mas é a pura verdade.

Portanto, a lei de causa e efeito também está atuando, mesmo quando se trata de atrair poderes de outras dimensões.

As Leis da Sabedoria

Os Poderes de Outras Dimensões Vêm Quando os Preparativos Deste Mundo Estão Prontos

As premissas para que a lei de causa e efeito funcione são: os pensamentos e o modo de viver dos seres humanos que habitam este mundo. Assim como nas velhas escrituras sagradas, a exemplo do Antigo Testamento, as profecias se manifestam de repente, e não quando queremos. Com frequência, os fenômenos espirituais ocorrem quando os preparativos estão prontos ou quando a ocasião é propícia. Há poucas chances de que possamos escolher o momento.

Portanto, os poderes de outras dimensões surgem quando os preparativos foram completados ou quando chega a hora oportuna. Por isso, devemos nos preparar sistematicamente no dia a dia e estar prontos para ouvir a voz do mundo celestial a qualquer momento. Ou seja, temos de nos manter em um estado receptivo, à espera de uma inspiração que pode aparecer de repente e nos dizer: "Levante-se agora!", "Entre em ação imediatamente!" ou "Faça isso ou aquilo!". Em geral, as inspirações vêm nessas horas.

Técnicas para Gerar Ideias Extradimensionais

Como Receber Ideias Extradimensionais

1. Crie o Hábito de Pensar

Gostaria de analisar alguns pontos destes pré-requisitos. Colocando-se em termos simples, uma ideia extradimensional é aquela que surge de improviso em sua mente, um lampejo de inspiração que chega, por exemplo, quando você está tentando planejar ou apresentar uma proposta. O passo seguinte é saber o que fazer com essa inspiração ou *insight*. Mas há uma condição que precisa ser cumprida para que ela ocorra: o primeiro pré-requisito é ser uma pessoa que pensa sobre as coisas em profundidade, um ser que pensa constantemente.

No que se refere a este "pensar", para chegar ao ponto em que consiga reconhecer objetivamente que você agora está pensando de fato, é preciso ter uma formação de caráter e passar por um esforço próprio. Você precisa fazer um esforço intelectual e investir um tempo treinando sua mente.

2. Adquira as Sementes e as Matérias-primas para o Raciocínio

Para atingir um estado em que você está sempre pensando em algo, mesmo que não se dê conta, precisa praticar o "treinamento do pensamento". E, para conseguir isso, precisa obter as sementes e matérias-primas do pensamento. Ou seja, raciocinar requer "treinamento do pensamento" e "matéria-prima do pensamento".

3. Continue com Seus Esforços Terrenos

Nesse sentido, tenha a consciência de que as inspirações de boa qualidade não são concedidas a pessoas negligentes que não se esforçam neste mundo da terceira dimensão. Isso significa que uma ideia extradimensional simplesmente não cai do céu como uma herança inesperada.

Por exemplo, você não receberá inspirações do tipo: "Se comprar um bilhete da loteria agora, vai receber uma bolada". As inspirações se manifestam de uma forma mais lógica, em geral decorrentes do seu legítimo esforço. Estamos constantemente sob avaliação.

Muitos atletas olímpicos treinam com total dedicação; subjetivamente, talvez um deles acredite que está dando duro dia e noite e já chegou ao seu limite. Mas a questão é: do ponto de vista do mundo celestial, como seus esforços são avaliados?

Quando um espírito celestial avalia aquele atleta e conclui: "Essa pessoa já deu o máximo de si e está merecendo um milagre agora", talvez o ginasta consiga, por exemplo, dar um salto mortal fantástico, um salto "extradimensional". Ou então, o espírito poderia ajudá-lo a dar um giro a mais, e o milagre aconteceria.

Claro, para que esse tipo de milagre ocorra, como pré-requisito a pessoa deve ter se submetido a rigorosos treinamentos diários e ter consolidada a competência merecedora dessa façanha. Portanto, é preciso o seu esforço para construir a base necessária.

4. Existe uma Diferença Entre Felicidade e Sorte

No que se refere a ser feliz, há quem diga que existe uma diferença entre felicidade e sorte. Por exemplo, num certo programa de tevê, foi apresentada uma pesquisa realizada pela Universidade de Harvard cujo resultado diz: "Estatisticamente, não existe correlação entre a felicidade e os ganhadores de loteria de uma determinada região".

De fato, ganhar na loteria significa receber dinheiro, o que não deixa de ser uma coisa boa. Entretanto, se isso traz felicidade ou não, vai depender de cada um. Algumas pessoas podem se tornar preguiçosas, outras talvez sejam assaltadas ou se arruínem por adotar um estilo de vida extravagante.

Assim, felicidade e sorte não são sinônimos. De fato, a sorte se transformará em competência e exercerá plenamente o seu poder se ela se manifestar no momento em que já tivermos uma base sólida para recebê-la.

As Ideias Extradimensionais ao Estilo de Ryuho Okawa

A Verdade Sobre as Obras de Ryuho Okawa

Com relação ao pensamento extradimensional, quando outras pessoas observam minhas atividades, por exemplo, podem até imaginar que utilizo métodos de trabalho que são de outro mundo. Certa vez, um integrante da cúpula da Força de Autodefesa do Japão disse: "De acordo com o número de livros publicados e as estratégias adotadas, Ryuho Okawa deve ter uns 500 colaboradores trabalhando para ele".[1]

Sem dúvida, produzindo livros em tal qualidade e quantidade, seria plausível esse homem pensar que tenho 500 pessoas trabalhando freneticamente para mim, fazendo pesquisa e me ajudando a escrevê-los. No entanto, não disponho de uma equipe desse tamanho no mundo terreno, embora tenha cerca de 500 Espíritos Guias no mundo espiritual. Eu simplesmente faço de forma contínua o que deve ser feito.

---

1. *O Político Revolucionário*, de Ryuho Okawa – IRH Press, Nova York, 2014.

Técnicas para Gerar Ideias Extradimensionais

Esforços Simples para Receber Poder Extradimensional

1. Empenhe-se para Ampliar Seu Leque de Interesses
Uma das atitudes que coloco em prática é procurar ampliar constantemente meu espectro de interesses. Também estou sempre interessado em coisas novas.

Além de observar com atenção para não perder nenhum indício de novidade que será tendência no futuro, igualmente tento aprender de que maneira as grandes personalidades da História superaram, nas respectivas épocas, situações ou problemas semelhantes aos nossos.

2. Esforce-se para Expandir Suas Áreas de Especialidade
Além disso, procuro ampliar minhas áreas de especialidade para usá-las como uma "fonte de ideias".

Observando-se o Japão como um todo, dizem que cerca de 10 mil pessoas no país afirmam ter algum tipo de experiência mediúnica, como receber mensagens e revelações do mundo espiritual, ouvir vozes ou ter visões espirituais. De fato, se incluirmos os chamados "semideuses", como os xamãs e assim por diante, talvez seja verdade que existem 10 mil pessoas no país com essas características.

Porém, poucas foram tão longe a ponto de se tornarem profissionais do ramo. Mesmo ouvindo vozes ou travando diálogos com espíritos, poucas teriam as condições necessárias. Basta ver os livros da nossa instituição e perceber sua diversidade e amplitude de especialidades ou sua profundidade cultural para saber que a competência secular é imprescindível.

Por exemplo, mesmo que um xamã da província de Aomori, no norte do Japão, seja autêntico, seria mui-

As Leis da Sabedoria

to difícil que os espíritos de Keynes ou Hayek[2] descessem nessa pessoa.

O Esforço para Se Tornar Semiprofissional em Vários Campos

No meu caso, até mesmo espíritos da área científica têm me enviado mensagens espirituais. Apesar de não ter conhecimentos profundos, preciso abrir minha mente a essa área e cultivar o terreno da melhor maneira possível. Sem isso, não haveria como captar essas mensagens.

Portanto, quando alguém como eu, que tende mais para a área de humanas, recebe as inspirações espirituais de cientistas como Albert Einstein, Thomas Edison ou Hideki Yukawa, eles devem ficar um tanto quanto frustrados. Talvez prefiram uma pessoa mais adequada, alguém com a espiritualidade plenamente desenvolvida e que seja especializado na área, um verdadeiro livre-docente em Ciências. Entretanto, os cientistas não costumam estar abertos à espiritualidade e não conseguem receber as inspirações espirituais.

Por outro lado, mesmo alguém de Humanas como eu, ao se esforçar ano após ano, aos poucos, e estudar Ciências para se aproximar e compreender as mensagens daquelas entidades, consegue captar o que elas querem dizer, embora não na íntegra. E, ao atingir um nível suficiente para compreender as aulas de faculdade, as entidades passam a

---

2 John Maynard Keynes, um dos mais importantes economistas da primeira metade do século 20, considerado o pai da macroeconomia; F. A. Hayek, Premio Nobel de Economia em 1974, um dos pensadores mais importantes do século 20.

Técnicas para Gerar Ideias Extradimensionais

enviar mensagens espirituais no limite deste contexto. Como as mensagens espirituais transmitidas por eles são filtradas para chegarem ao nível da minha compreensão, as opiniões dos gênios da Ciência passam a ser inteligíveis a quase todo mundo. A maior parte das pessoas não é especialista em ciências, então elas podem se beneficiar destas descrições fornecidas por um leigo.

Então, mesmo que você não chegue a ser profissional em diferentes campos, deve se esforçar para adquirir competência em áreas diversas, pelo menos como um semiprofissional, a fim de ter capacidade suficiente para receber as inspirações.

Como Desenvolver a Capacidade para Receber Orientações Espirituais de um Músico

Recentemente houve uma polêmica no Japão envolvendo uma pessoa que simulou deficiência auditiva e foi aclamada como "o Beethoven da era moderna". Eu mesmo sou capaz de evocar os espíritos de Beethoven, Chopin ou Mozart. Entretanto, mesmo que acolhesse esses espíritos no meu corpo e tentasse tocar piano, meus dedos não se moveriam de modo adequado. Se isso ocorresse com alguém que tivesse treinado razoavelmente e fosse um pianista que já chegou ao nível de dar um concerto, tocaria como se estivesse sob possessão divina e seria até capaz de compor com bastante liberdade. Infelizmente, não tive suficiente treinamento nessa área e não conseguiria tais façanhas.

Se um músico ouvisse isso ficaria indignado e pensaria: "Se eu recebesse o espírito de um deles, conseguiria perfeitamente!". Mas as coisas não ocorrem tão facilmente aqui. Este mundo deixaria de ser um lugar legítimo se Mozart ou Beethoven começassem a aparecer em diversos lugares; portanto, esse tipo de fenômeno deve ser restrito.

Religiões com Visão Estreita às Vezes Rejeitam as Orientações Espirituais

Os espíritos de figuras religiosas às vezes também estabelecem comunicação, mas para receber suas mensagens a pessoa deve compreender a ideologia e os sentimentos deles; caso contrário, o espírito nem se manifestaria. Eu mesmo tenho publicado mensagens espirituais de diversos líderes religiosos.

Em linhas gerais, há diversas religiões que apoiam sua crença sobretudo num único dogma ou conceito. E as pessoas que acreditam em religiões desse tipo, com uma única orientação, costumam negar as demais religiões. Por exemplo, muitas vezes os espíritos da corrente não cristã são rejeitados quando tentam enviar algum ensinamento diferente a padres ou pastores mediúnicos, pois estes pensam: "Isso não pode estar acontecendo!".

Assim foi com Edgar Cayce[3], conhecido como "O Profeta Adormecido". As mensagens, recebidas em estado de transe e registradas por taquigrafia, continham muitas histórias de reencarnação. No cristianismo, o conceito de reencarnação é considerado herético, e não há ensinamen-

---

3. Edgar Evans Cayce (1877-1945) foi um famoso paranormal norte-americano que teria recebido mensagens e ensinamentos sobre diversas questões como espiritualidade, imortalidade, reencarnação e saúde. (N. do E.)

tos sobre isso. No entanto, em transe o médium só relatava acontecimentos ligados ao ciclo das reencarnações. Dizem que, enquanto em transe hipnótico, Cayce falava sobre reencarnação e, quando estava acordado, pregando em locais como a escola dominical, afirmava a inexistência desse tipo de coisa.

De fato, pode haver pequenas diferenças na maneira como a mensagem é canalizada, dependendo de sua aceitação ou não pela pessoa que a recebe. Às vezes, essas mensagens são enviadas quando a consciência superficial da pessoa está adormecida – foi o caso de Cayce. Ele aprendera com a doutrina cristã que a reencarnação não existe, e defendia essa ideia quando estava desperto; porém, a verdadeira natureza de sua alma, que era capaz de receber tais mensagens, aceitava esse conceito. Enquanto dormia, chegou até a comentar sobre a existência das eras de Atlântida e Mu.

**Um Empresário Receberá Orientações
Compatíveis com Sua Capacitação**

Assim, é essencial esforçar-se para desenvolver sua capacitação. O mesmo pode ser dito em relação ao trabalho. As perspectivas futuras e o potencial de uma pessoa irão se expandir proporcionalmente à sua capacitação.

Se você é um empresário, deve pensar: "Qual é a visão do futuro da minha empresa? Quais habilidades preciso desenvolver em cada etapa, de acordo com essa visão?". À medida que for se esforçando para cultivar seu potencial nas áreas necessárias, um Espírito Guia adequado ao porte de sua empresa passará a orientá-lo. E mais: quando o porte de sua empresa mudar, outros Espíritos Guias irão assumir. Assim, o Espírito Guia é designado de acordo com o porte da empresa.

O Sofrimento de um Ilustrador de Mangá[4] com Bloqueio Criativo

Escritores e artistas em geral precisam estar sempre criando em vários sentidos, e dependem de inspirações de ideias diversificadas. Na prática, pode ocorrer um esgotamento de novas ideias, o que lhes provoca um sofrimento muito grande.

Para abordar o tema deste capítulo, procurei ler alguns livros sobre a geração de ideias e um deles foi o que trazia a técnica utilizada pelo ilustrador de *mangá* Fujio Fujiko. Tive curiosidade em saber o que ele pensa sobre o assunto, mas praticamente nada pude aproveitar. Porém, achei interessante o episódio em que ele atinge o recorde de 73 horas contínuas no trabalho de ilustração de *mangá* em regime de concentração absoluta.

Ele disse: "Deixei um suprimento de comida e água ao meu lado e trabalhei por 73 horas contínuas desenhando *mangás*. No final desse período, eu enxergava o papel se mexendo sozinho." Eu pensei: "Então, é isso o que acontece!".

E, se a obra não saía mesmo assim, após o isolamento, ele fugia para sua terra natal em Takaoka, na província de Toyama. Ali, o editor deixava de persegui-lo e passava a cobrar a entrega do material por telegrama.

---

4. Nome dado às histórias em quadrinhos de origem japonesa; diferenciam-se dos quadrinhos ocidentais por terem uma representação gráfica característica. (N. do E.)

Técnicas para Gerar Ideias Extradimensionais

Episódios semelhantes também são descritos em um livro de Osamu Tezuka, ilustrador de *mangás*. Os editores de diferentes revistas espremiam-se na sala para cobrar o material. Quando vinham quatro editores de uma só vez, desenhar já se tornava impossível, pois não havia como satisfazer a todos. Ele fingia que precisava ir ao banheiro, escapava pela janela e se escondia num cinema, vendo filmes. Ou seja, ele se dava por "desaparecido".

Enfim, é muito difícil quando ocorre um bloqueio criativo e se esgotam as ideias para desenhar ou falar.

No Caso de Autores Que Se Baseiam em Experiências Pessoais, a Atratividade Cai a Partir da Segunda Obra

O mesmo pode ser dito sobre escritores de romances. No Japão, todos os anos surgem novos vencedores dos prêmios Naoki[5] ou Akutagawa na área de literatura. Os escritores costumam preparar uma segunda obra antes mesmo de receber o prêmio, pois já sabem que serão cobrados pelo próximo trabalho caso vençam. Entretanto, muitos deles não conseguem passar do terceiro livro, mesmo tendo sido premiados.

A primeira obra pode até ser interessante quando baseada em experiências pessoais. O público chega a ficar impressionado: "Que fantástico! Nunca tive esse tipo experiência!". Porém, na segunda ou terceira obra, o número de leitores diminui porque o conteúdo se torna cada vez

---

5. Prestigiosos prêmios literários japoneses criados em 1935 em honra aos romancistas Sanjugo Naoki e Ryunosuke Akutagawa. O primeiro é conferido a escritores de literatura popular; o segundo, a escritores iniciantes com potencial.

menos envolvente. Isso ocorre com frequência sobretudo com escritores que narram experiências pessoais. A primeira obra geralmente é a mais interessante, e as seguintes vão decaindo.

Quando Ryu Murakami – hoje apresentador do programa de tevê "Cambrian Palace" – se lançou como escritor na segunda metade da década de 1970, tinha diversas experiências impressionantes para contar. Mas quem ainda não conhece seus livros não precisa se dar ao trabalho de lê-los, uma vez que se tornaram obsoletos. Trabalhos como estes pode ser interessantes no início, porque trazem experiências inéditas para a época.

Por exemplo, quando as drogas ainda não haviam se disseminado, as obras que relatavam as experiências de drogas vividas pelo autor poderiam chamar a atenção. Ou ainda, quando as regras sociais de relacionamento entre sexos opostos eram rígidas, os romances que quebravam tabus devem ter sido muito curiosos. Os livros em estilo de depoimentos, que relatam fatos proibidos pela ética profissional, também podem ser interessantes. Porém, a partir da segunda ou terceira obra, o interesse vai caindo. Estes são os deméritos dos autores que se baseiam em experiências pessoais vividas.

Livros Baseados em Documentos São Desinteressantes Quando Não Há Inspiração

Há também autores que poderiam ser descritos como "documentaristas": seus livros resultam de uma coleta de materiais, documentos e dados em abundância, como se estivessem fazendo um documentário; assim, dificilmente os temas se esgotam e, portanto, conseguem dar continuidade às obras. No entanto, alguns deles são visivelmente pouco inspirados.

Sem dúvida, hoje eles podem obter a quantidade de material que desejarem em diversas fontes, como livrarias ou bibliotecas, além dos dados disponíveis na internet. Entretanto, fica evidente que falta certo valor agregado àquela obra, uma vez que foi escrita sem inspiração e com base exclusivamente nos materiais coletados. Não há muita graça em ler obras desse tipo.

Já um livro sobre um acontecimento, escrito em estilo de reportagem, até pode ser uma leitura estimulante quando o leitor desconhece o ocorrido ou quando se trata de um assunto incomum. Contudo, à medida que o autor continua escrevendo, suas fontes são reconhecidas pelos leitores e assim a obra vai perdendo a graça.

Não Basta Reunir e Organizar as Informações, é Preciso Cristalizá-las

Talvez seja indelicado citar nomes, mas gostaria de pegar o exemplo de alguém como o renomado e veterano autor Takashi Tachibana[6]. Ele é um dos gigantes do jornalismo e já publicou vários títulos bem volumosos. Mas, ao lê-los, sinto que ele pensa que a essência da sabedoria é o processamento de informações. Parece-me que ele acredita que o saber consiste em coletar, organizar e processar informações.

Ele faz uma boa pesquisa e cita diversas fontes, mas,

---

[6]. Takashi Tachibana (1940-) é um jornalista japonês, escritor e crítico. Também é conhecido por ser um leitor ávido, que possui milhares de livros.

As Leis da Sabedoria

de algum modo, parece que falta algo em seu trabalho que cative o leitor. De acordo com minha própria terminologia, está faltando a "cristalização". Ou seja, embora seus livros tenham valor como fonte de consulta, são um pouco desinteressantes.

Dizem que um de seus livros mais vendidos foi escrito em estilo de documentário, e descreve o processo de entrevistas que utilizou para selecionar seu secretário. O livro conta a história do anúncio de emprego que atraiu 500 candidatos com os seguintes dizeres: "Recruta-se Secretário para Takashi Tachibana". Consta-me que seus outros livros não tiveram grande vendagem.

Esse secretário trabalhou para ele por um tempo, mas acabou sendo demitido porque, como a renda do Sr. Tachibana oscilava de acordo com sua produção de livros, aparentemente o jornalista não conseguiu pagar com regularidade o salário mensal de 200 mil ienes (cerca de 1.700 dólares) ao funcionário.

Provavelmente, a demissão irritou o secretário, que publicou um livro na província de Okinawa censurando Takashi Tachibana. Fez críticas como: "É imperdoável que um grande escritor demita uma pessoa porque não consegue lhe pagar um salário de 200 mil ienes, considerando-se sobretudo que o livro que ele mais vendeu falava sobre mim".

Deixe a Informação Coletada Fermentar e Amadurecer Bem

Outro autor, Masaru Sato, que após ser demitido do Ministério de Relações Exteriores ficou encarcerado por um tempo, usa um método de trabalho parecido com o de Ta-

Técnicas para Gerar Ideias Extradimensionais

chibana. De fato, percebo que ele deve ter lido muitos livros sobre assuntos variados; entretanto, as informações não foram fermentadas. Na maioria das vezes, seus livros não passaram pela fermentação para chegar ao nível de uma obra criativa; ou seja, ficaram parados na fase da matéria-prima.

Infelizmente, não é possível alcançar sucesso intelectual no fim somente colhendo informações. Se você juntar arroz e levedura, adicionar água e for mexendo, aos poucos o álcool será produzido e o aroma do saquê começará a perfumar o ambiente. Faltou esse processo de fermentação, e às vezes tenho a sensação de estar provando só os ingredientes.

Em um livro mais recente, Sato escreveu sobre o convite que recebeu de um professor enquanto estudava na 6ª ou 7ª série do Ensino Fundamental, tentando "recrutá--lo" para trabalhar no curso pré-vestibular. Nessa passagem, ele conta o diálogo travado com o professor do cursinho, que já tinha dado aula numa faculdade na ex-União Soviética. Penso que tudo isso foi inventado.

Não há como um estudante do Ensino Fundamental ter diálogos daquele nível. Percebe-se facilmente que se trata de uma invenção baseada em estudos realizados quando Sato era diplomata. Eu mesmo não teria conseguido fazer aquelas afirmações citadas no livro quando estava na 7ª série. Está claro que é uma transferência do conhecimento atual para o passado.

Enfim, por mais que o escritor reúna todos os materiais e documentos necessários, se o grau de fermentação for insuficiente, o resultado ficará prejudicado. Os grandes escritores costumam estudar muito, mas também passam por um bom período de maturação para gerar um produto diferenciado, por meio de um processo de fermentação plena e de combinação com elementos diversos. Nesse sentido, em geral eles se assemelham aos atletas de curta distância que também conseguem fazer percursos longos.

Na maioria das vezes, minhas ideias também vêm dessas fontes. De um lado, estudo a fundo os eventos da atualidade de modo que me possibilitem análises jornalísticas, além de estar sempre pensando no futuro com base nesses estudos; de outro, em relação ao passado, estudo pensando, por exemplo: "Se eu vivesse naquela época, qual teria sido minha visão?".

O Estudo de Línguas Estrangeiras Proporciona uma Perspectiva Internacional

Outro aspecto importante é ter uma perspectiva internacional. Por exemplo, para fazer comentários sobre a China atual tenho estudado muito sua história, literatura, obras de arte e outros aspectos para descobrir que tipo de país é a China. Assim, quando faço alguma crítica àquela nação, minhas opiniões se baseiam num profundo conhecimento do temperamento e da forma de se comportar de seu povo.

Curiosamente, porém, eles não conhecem muito o Japão; eles não sabem nada sobre a história do Japão. Pode-se dizer o mesmo da Coreia do Sul.

Se você faz pesquisas desse tipo sobre outras nações, acaba desenvolvendo uma visão interessante, inclusive para opinar sobre seu próprio país. Nesse sentido, além de ser um estímulo intelectual, o estudo de línguas estrangeiras pode ser uma fonte extremamente rica de ideias, pois você conseguirá ver sua própria nação sob a ótica de um estrangeiro.

Técnicas para Gerar Ideias Extradimensionais

Você obtém enormes benefícios quando ultrapassa determinado nível de competência; mas, se não puder, os benefícios serão mínimos, não irão além da mera aprovação em um exame. Por outro lado, se você continuar a estudar muito além daquele nível, conseguirá captar rapidamente as tendências globais e antever o rumo que sua nação deve seguir.

Nesse sentido, analisando o resultado das eleições para prefeito, realizadas em fevereiro de 2014 em Tóquio, não é um mau negócio ser governado por um administrador metropolitano que seja entendido em coisas estrangeiras (foi eleito Yoichi Masuzoe, especialista em política internacional que foi Ministro da Saúde, do Trabalho e do Bem-estar em 2007-08). Quem já estudou ou viveu em grandes metrópoles no exterior, ao observar a cidade de Tóquio terá uma perspectiva diferenciada em relação às demais, e certamente verá a fonte de inspirações quanto ao que deve ser feito. Isso não é ruim e, além disso, nem sempre o melhor é ser administrado por um prefeito 100% local.

O Treinamento Intelectual e a Fé Necessários para Receber Mensagens Espirituais

Dentre os fiéis da nossa instituição, alguns já desenvolveram um estado de espírito receptivo, depois de participarem de seminários em vários templos e solicitarem preces. Há poucos dias, após uma palestra que realizei no Templo *Shoshinkan* de Yokohama – uma de nossas instalações para treinamento religioso –, durante a sessão de "Perguntas e Respostas", um dos fiéis alegou que estava recebendo inspirações de alienígenas e que havia passado a entender os princípios por trás dos óvnis.

As Leis da Sabedoria

Na época levei a sério aquela afirmação, mas, posteriormente, pedi a um cientista da nossa instituição para conversar com o indivíduo. Chegou-se à conclusão de que ele não havia alcançado aquele nível de compreensão, pois pensava que os óvnis funcionam pelo mesmo princípio do giro de um pião, então o entendimento dele não era completo.

Para receber inspirações extradimensionais você precisa já ter alcançado um certo nível de conhecimento neste mundo; caso contrário, não será possível verificar sua autenticidade numa conferência mais apurada. Então, seja cauteloso se perceber que está recebendo muitas mensagens, mesmo quando seu nível não é compatível. Nesses casos, há o risco de a pessoa se conectar com espíritos baixos ou maus espíritos e, portanto, é de extrema importância saber discernir a origem das inspirações.

Nesse sentido, é importante fazer um bom treinamento para que sua habilidade em processar os fatos da vida real não seja prejudicada quando começarem a ocorrer fenômenos como ter inspirações espirituais, receber mensagens ou ter visões em sonhos. Verifique se você está ou não cometendo muitos erros na vida real em assuntos do cotidiano. Se seus erros são frequentes ao processar a realidade, precisa ter cautela. Quando há muitas conexões espirituais, aumenta a incidência de comportamentos psicológicos estranhos.

Portanto, quanto mais espiritualizado você se tornar, mais deverá ficar atento à sua capacidade de processar as coisas adequadamente no mundo real. Também vale a pena fortalecer seus estudos práticos sobre questões terrenas, pois isso lhe dará a base necessária para fazer essas verificações.

Costumo recomendar o estudo de línguas estrangeiras como o inglês para manter a mente ágil, mesmo em

Técnicas para Gerar Ideias Extradimensionais

idade avançada. É de extrema importância praticar diariamente esse treinamento intelectual, para evitar mensagens espirituais vindas de fontes estranhas. Afinal de contas, em termos objetivos é importante manter um estado de treinamento mental sempre ativo.

Uma vez dito isso, porém, convém lembrar que essa prática requer atenção, pois em muitos casos as pessoas que treinam o cérebro em excesso acabam se tornando descrentes, materialistas e perdem o sentido da espiritualidade. Por isso, você não pode se descuidar do cultivo dessa base intelectual de amplo espectro e, ao mesmo tempo, deve manter sua fé. É importante consolidar a postura de jamais perder a fé em relação à Força Maior.

Assim, é essencial ter fé para se devotar a esta Grande Força, buscando unir-se a ela e, ao mesmo tempo, dar continuidade pacientemente aos seus esforços terrenos que devem se tornar um hábito.

Continue Atirando com Pensamento Positivo

Além dos pontos mencionados, é fundamental assumir a atitude de "ser positivo". Para sermos ricos em ideias, não podemos começar algo com um pensamento do tipo: "Não consigo fazer isso". Precisamos adquirir o hábito de pensar no que fazer para que as coisas deem certo.

É importante ter uma disposição mental para pensar de forma positiva, tentar descobrir o que você pode fazer para alcançar seu objetivo, em vez de apenas reagir por hábito e dizer rapidamente: "Não, não é possível." Se você notar que possui uma forte tendência a ser negativo, faça um esforço consciente para rever essa atitude e mudá-la.

Quando você é negativo, as ideias não fluem e podem se esgotar por completo. Portanto, pense de forma positiva, seja assertivo e procure raciocinar se não é possível fazer algo de bom, positiva e construtivamente.

Às vezes, esse tipo de pensamento positivo pode acabar sendo derrotado, rejeitado ou até mesmo destruído por outras pessoas, mas o importante é não se abater facilmente. O importante, sem dúvida, é continuar lidando com as situações com uma atitude mental positiva.

Se você continuar atirando, cedo ou tarde a bala atingirá o alvo. Talvez não acerte o alvo logo no primeiro tiro, mas deve prosseguir tentando, de novo e de novo, com a firme determinação de abater o pensamento negativo. Não se desanime facilmente. Como foi dito no livro *As Leis da Perseverança*[7], o importante é o espírito de "Desistir jamais!".

Procure se esquecer rapidamente da experiência negativa de ter sido abatido. Quando você consegue mudar sua mentalidade, erguer-se de novo e recuperar depressa sua vontade de tentar mais uma vez, um novo caminho se abre, e as boas ideias começam a brotar inesgotavelmente.

---

7. *As Leis da Perseverança*, de Ryuho Okawa, foi publicado pela IRH Press do Brasil em 2014.

Capítulo Cinco

Liderança Baseada em Sabedoria Estratégica

Requisitos para Ser um Líder Capaz de Motivar os Outros

Liderança Baseada em Sabedoria Estratégica

1

A Definição de Líder em Diferentes Situações

O Significado da Sabedoria Estratégica na Sociedade Moderna

Este capítulo trata do tema relativamente complexo da liderança baseada em sabedoria estratégica. Como é provável que existam diferentes tipos de liderança dentre os leitores, fica difícil encontrar pontos em comum sobre este assunto que se apliquem a todos. Mesmo assim, espero que seja útil e sirva de referência a qualquer pessoa, independentemente de profissão ou posição social.

Gostaria de começar explicando o título. Em primeiro lugar há a expressão "sabedoria estratégica". A grande novela épica exibida pela NHK (emissora estatal japonesa de tevê) em 2014 girava em torno de Kanbe Kuroda (1546-1604), um brilhante estrategista durante a Era dos Estados Combatentes[1]. Quem conhece a história desse homem consegue entender facilmente a expressão "sabedoria estratégica". Mas hoje não estamos em um período de guerras civis em nosso

---

1. O Período Sengoku foi uma das fases mais conturbadas da história japonesa, marcada por contínuos conflitos armados entre os diferentes reinos do país e que também ficou conhecida como a Era dos Estados Combatentes. (N. do E.)

país, então não é tão fácil entender a sabedoria estratégica que ele desenvolveu e aplicá-la diretamente aos dias atuais. Porém, quando sua vida está em jogo e você está lidando com situações de vida ou morte, isso passa a ser um assunto sério.

A palavra "sabedoria" da expressão "sabedoria estratégica" pode ser facilmente compreendida na sociedade moderna. No entanto, as pessoas talvez tenham dificuldade de aceitar totalmente a parte da "estratégia", quando ela se refere a um plano ardiloso para aniquilar o inimigo ou dominá-lo com uma derrota esmagadora.

Até certo ponto, é necessário sabedoria na vida. É uma questão de saber se você consegue construir uma abordagem lógica ou um plano a partir de várias alternativas e combinações de ideias para alcançar resultados efetivos superiores ao esperado ou atingir sua meta. Em outras palavras: é um modo de produzir resultados efetivos usando a sabedoria.

Um Líder é Alguém Que Sabe o Que Deve Fazer

No título deste capítulo também usei o termo "liderança" juntamente com a expressão "sabedoria estratégica". No passado, já dei uma palestra intitulada "As Premissas para Ser um Líder", que igualmente foi transformada em livro (publicada pela Happy Science Japão, para uso exclusivo dos participantes do seminário sobre este tema). Na ocasião, afirmei que "um líder é alguém que sabe o que deve fazer", e que "Um indivíduo que não sabe o que fazer enquanto não recebe ordens de outra pessoa, não está qualificado para ser um líder". Este é o caso de um seguidor ou subordinado. Em suma, o líder é aquele que sabe qual trabalho ele precisa fazer agora, mesmo que ninguém lhe diga nada.

Liderança Baseada em Sabedoria Estratégica

Claro, com exceção dos presidentes de empresas, sempre são dadas orientações ou diretrizes sobre as políticas da empresa aos gerentes de departamento e outros indivíduos em cargo de chefia. Certamente eles serão informados sobre o rumos do setor e as tendências de mercado, mas os líderes são aqueles que sabem por conta própria o que deve ser feito, seja qual for a posição que ocupem.

Além disso, um líder é aquele que, quando dispõe de subalternos, consegue enxergar quais partes do seu trabalho podem ser delegadas a esses funcionários para que ele próprio obtenha um nível mais alto de resultados.

Existem diferentes níveis de liderança, desde o topo até a base, passando pelos cargos intermediários, mas, fundamentalmente, líder é aquele que sabe o que deve ser feito, mesmo sem ser incumbido por outra pessoa.

Que Tipo de Pessoa É um Líder Que Possui Sabedoria Estratégica?

No caso de uma empresa de grande porte, existem muitos funcionários de meia-idade que não têm ninguém sob seu comando. Porém, tendo ou não subordinados, o líder é aquele tipo de pessoa capaz de decidir sozinho quais tarefas deve fazer.

Pegando-se o exemplo dos militares, não há pilotos de jato na Força Aérea que sejam soldados rasos. São todos oficiais. Além de pilotarem aviões caríssimos que custam milhões de dólares, eles precisam tomar decisões de ataque e de fuga e correm risco de vida. Às vezes pilotam sozinhos ou com um segundo piloto no banco traseiro, mas, de qualquer modo, eles têm de pensar sozinhos e tomar grandes decisões estratégicas. Não se pode entregar esse tipo de tarefa a uma pessoa que, durante o combate, fique paralisada e não saiba agir sem instruções detalhadas.

Assim, uma pessoa que não possa pensar como líder não serve para uma posição em que, mesmo não tendo subordinados, recebe um bem de alto valor e tem liberdade para lutar da forma que achar melhor.

Basicamente, isso também leva à definição de que o líder é uma pessoa "cara". Portanto, não se esqueça desta definição.

Em termos de liderança baseada em sabedoria estratégica, o líder estrategista é uma pessoa capaz de aprimorar constantemente sua sabedoria, coletar informações e conhecimentos diversos e, por meio da prática, transformá-los em sabedoria. É também alguém que, enquanto adquire uma espécie de Iluminação profissional ou empresarial, ao mesmo tempo pode produzir uma resposta quando lhe perguntam o que deve ser feito em sua situação atual.

O Risco de Manter em uma Organização um Gerente Incapaz de Tomar Decisões

Na realidade, há muitas pessoas que ocupam um cargo cujo título é o de "gerente", mas que na prática só ficam esquentando a cadeira e tomando café. Isso ocorre tanto em pequenas empresas como nas grandes. Às vezes, quando falta cerca de um ano para a aposentadoria por idade, alguns funcionários são postos de lado e ficam na empresa apenas para completar o tempo faltante.

Provavelmente, há também muitos gerentes que não fazem nada, deixando o trabalho para seus subordinados,

Liderança Baseada em Sabedoria Estratégica

enquanto eles mesmos são incapazes de dar instruções, tomar decisões ou expressar suas opiniões para seus superiores hierárquicos. Em outras palavras, na prática essas pessoas já foram jogadas para escanteio. Quem não enxerga o trabalho a ser feito, já não é mais líder, já está totalmente "queimado".

As empresas que mantêm vários funcionários desse tipo em cargo gerencial estão correndo um alto risco. São profissionais que se agarram ao cargo só porque têm idade avançada, têm longa experiência ou trabalham na empresa há muito tempo. Em termos práticos, não conseguem tomar decisões e só se mexem com ordens superiores. Uma organização que mantém muitos profissionais como esses corre sérios riscos, tanto no presente como no futuro.

Quanto maior a organização, mais difícil manter o controle. Enquanto você tem apenas um ou dois subordinados, é fácil saber o que eles fazem; mas, quando há muitos funcionários trabalhando em diferentes setores e locais distintos, não é mais possível dar ordens individualmente. Portanto, embora as diretrizes e as avaliações de resultados sejam atribuições da alta administração, quem pensa e toma as decisões são os líderes responsáveis de cada área. Aqueles que não conseguem cumprir estas funções infelizmente são apenas um fardo para a empresa.

Nem sempre a liderança é proporcional à idade; tampouco depende do sexo. O grau de escolaridade parece influir na inteligência da pessoa quando ela é jovem; no entanto, depois de dez anos de atividade profissional, a formação acadêmica se torna irrelevante. A pessoa passa a ser avaliada em função do aprendizado que acumulou, ou seja, o que colocou em prática e quais resultados obteve. Portanto, aos poucos o profissional passa para um mundo onde a formação acadêmica por si só torna-se cada vez menos importante.

O Líder Ideal do Ponto de Vista dos Subordinados

Inversamente, aos olhos de um seguidor ou subordinado, o líder é aquele que sabe o que precisa ser feito, dá instruções e faz avaliações precisas sobre o resultado do trabalho atribuído.

Um líder sabe analisar, por exemplo, se o trabalho foi bem feito ou mal feito. Se foi mal feito, diz onde está errado e como melhorar. E, se o trabalho foi bem feito, consegue fazer comentários e dar opiniões do tipo: "Neste ponto você se esforçou além da média. Porém, a empresa esperava isso e você fez aquilo. No geral, a avaliação é positiva. Ou faltou pouca coisa. Na próxima vez, tente fazer assim". Uma pessoa desse tipo está habilitada para ser líder.

Por outro lado, um chefe que nada sabe e só fica sentado acabará levando a empresa a um tenebroso "inverno". Nesse sentido, quanto mais competente for o superior, melhor o resultado.

Liderança Baseada em Sabedoria Estratégica

A Cultura Organizacional Que Forma Líderes

Aumente a Quantidade de Pessoas Capazes de Tomar Decisões na Organização

A capacidade intelectual do ser humano tem limite. Assim, por mais que haja pessoas na organização capazes de tomar decisões exatas em problemas que estão dentro de seu alcance, não é fácil ter uma visão panorâmica da situação quando se trata de questões obscuras, que só podem ser vistas indiretamente ou ser compreendidas por meio de relatórios feitos por outros. Portanto, quanto mais "cabeças", melhor.

Claro, não é recomendável ter uma situação com "muitos caciques e poucos índios", tampouco uma em que as opiniões são tão divergentes que não se chega a lugar algum. Embora as diretrizes gerais devam ser seguidas, é muito positivo para a empresa ter uma pessoa que segue essas diretrizes e ao mesmo tempo usa a própria inteligência para pensar em tudo enquanto realiza a tarefa que lhe foi designada.

Isso certamente se aplica ao trabalho empresarial, ao missionário e também às organizações não governamentais. Seria terrível se, ao delegar uma tarefa, precisássemos dar instruções detalhadas, com a orientação de obedecer rigorosamente o manual. Uma vez passada a incumbência, o importante é que a pessoa pense de forma proativa e profunda e saiba o que e como deve ser feito.

Trata-se, na verdade, de uma habilidade exigida dos funcionários efetivos e com potencial para se tornarem parte da equipe gerencial. E mais: a empresa certamente vai obter resultados fantásticos se conseguir criar uma cultura organizacional em que um simples funcionário ou até mesmo um trabalhador terceirizado seja capaz de tomar decisões e executá-las como uma pessoa em nível de gerência.

O Treinamento de Alto Nível Fornecido pela Starbucks aos Funcionários

Gostaria de usar o exemplo de uma cafeteria para explicar melhor esse tópico. No departamento de estudantes da Happy Science, muitos membros fazem trabalhos temporários na famosa rede de cafeterias Starbucks. E, por isso, sou facilmente reconhecido por eles em diferentes lojas dessa rede.

Numa simples comparação com a Starbucks, o café vendido nas linhas japonesas de trens-bala não é muito gostoso, para ser honesto, e por isso há muito tempo deixei de tomá-lo. Na maioria das vezes, compro-o antes de entrar no vagão, porque o café das cafeterias é muito mais saboroso que o do trem.

Mesmo quando o café no trem é gratuito, compro um antes de embarcar e o levo comigo. É melhor pagar e tomar um café gostoso do que um de graça, mas ruim. O café vendido nos vagões não tem muita saída, acaba fermentando e perde o sabor. Isso ocorre com frequência.

Enquanto isso, a rede Starbucks tem muita procura, e até ouvi certa vez uma história interessante sobre um de seus funcionários. Tratava-se de uma balconista temporária que trabalhava ali duas vezes por semana. Com frequência, notava um cliente assíduo, que vinha sempre no mesmo horário. A balconista, apesar de ser temporária, logo reconhecia o cliente e lhe servia o café antes mesmo que ele pedisse, pois ele se limitava a dizer: "O de sempre!" e ficava nervoso quando lhe perguntavam: "O que é o de sempre?".

Com certeza, para o cliente não faz diferença se a balconista é temporária ou efetiva. Uma vez que ele está em uma cafeteria Starbucks, quer ser atendido com a qualidade habitual e não admite que seja diferente. Ele sempre chega no mesmo horário e toma o mesmo café; portanto, basta dizer "O de sempre!" para ser compreendido. Fica satisfeito quando a balconista se antecipa, prepara o café e o serve prontamente, mas fica irritado se lhe pedem para explicar seu pedido.

Essa era uma loja de padrão elevado, pois mantinha um alto nível de exigência, inclusive em relação a funcionários temporários. Nesse sentido, na hora de se candidatar a uma vaga de emprego, a empresa onde você trabalhou como temporário pode contar pontos positivos.

Fortalecer a Organização com Treinamento e Aumentar os Lucros

A rede Starbucks serve diversos tipos de café e também de chá e, por isso, eles possuem um manual que ensina como prepará-los. No entanto, o que me deixou um pouco impressionado foi o fato de não terem um manual de atendimento ao cliente. Eles têm procedimentos para as receitas, mas nenhum que trate do atendimento aos clientes. Certamente, eles estão criando uma cultura empresarial invisível.

As Leis da Sabedoria

De acordo com as estatísticas publicadas sobre o mercado japonês, dentre as redes de varejo de capital estrangeiro, a Starbucks é a que está conseguindo o maior lucro, e é justamente a que proporciona treinamento a todos os funcionários, sejam efetivos ou temporários, para que todos trabalhem com a mesma qualidade.

Quando os funcionários de escalão inferior conseguem tomar as mesmas decisões que a gerência superior ou a alta administração, a organização se fortalece, cresce e aumenta sua rentabilidade. Aumentar os lucros significa poder ampliar a rede. Sem lucro, a empresa não teria como investir em novas lojas e se expandir.

Liderança Baseada em Sabedoria Estratégica

Sabedoria Estratégica e Empenho São Necessários para Se Estabelecer como Profissional

Sem Lucro, a Possibilidade de Crescimento é Zero

A Happy Science é uma instituição religiosa sem fins lucrativos e, portanto, não desenvolve suas atividades visando ter lucros. No entanto, como ela funciona dentro dos princípios que regem os fenômenos terrenos, é natural que, tal qual uma empresa, também tenha problemas relacionados com a geração de lucros.

Do mesmo modo que uma empresa convencional, se não obtiver o equivalente aos "lucros", não terá como abrir novos templos locais, construir mais *Shoshinkan* (*shojas* ou templos), erguer escolas, criar novas unidades no exterior ou admitir funcionários. Quando os gastos e os ganhos ficam empatados, o tamanho da instituição se mantém estagnado. Ao deduzir as despesas do faturamento e não sobrar o lucro, a possibilidade de crescimento futuro será zero.

Se tentássemos cobrir nossos custos com empréstimos bancários, seríamos engolidos pelos juros, aumentaríamos nossa dívida e correríamos o risco de falência. Isso vale tanto para empresas como para instituições religiosas.

As Leis da Sabedoria

Vamos nos concentrar na questão do "lucro". Iniciei este trabalho há cerca de 33 anos, e estamos em nosso 28º ano desde que adquirimos o *status* oficial de instituição religiosa e abrimos nossos escritórios. Durante esse período, aprendi muito a respeito do dinheiro.

Por exemplo, por sermos uma instituição sem fins lucrativos, poderíamos oferecer tudo de graça, trabalhando como uma ONG. Porém, aprendi que o trabalho gratuito na verdade não tem valor. Ou seja, considerando-se que nada é mais barato do que de graça, não há responsabilidade nas coisas gratuitas. Você se torna irresponsável quando pensa: "É de graça, então não faz diferença". Não há necessidade de se questionar ou refletir se a necessidade do cliente foi atendida. Além disso, perde-se o espírito de agradar, inspirar ou ser útil ao cliente.

As Palestras Se Tornaram Dispendiosas com o Aumento de Escala

No início, por exemplo, nossas palestras aqui no Japão eram realizadas em centros comunitários como auditórios públicos e, portanto, o custo de locação em si era barato, de 100 mil ienes[2] (cerca de R$2.500,00). O ingresso também podia ser barato: 1000 ienes (em torno de R$25,00).

Porém, à medida que a escala dos eventos foi aumentado para milhares ou dezenas de milhares de pessoas, o custo do auditório subiu, chegando à cifra de 10 milhões de ienes (R$250.000,00), incluindo os custos de organização e instalação.

---

2 Iene cotado a R$0,025 por ocasião da edição deste livro (fev/2015).

Liderança Baseada em Sabedoria Estratégica

Atualmente, já temos nossos templos e o custo é quase zero, mas, quando não usamos nossos próprios estabelecimentos, além do custo da locação do auditório gastamos muito dinheiro em preparação e instalações diversas: montagem do palco, poltronas, iluminação etc.

Aliás, quando fizemos um show de iluminação que durou apenas dois ou três minutos na Arena de Yokohama, recebemos uma cobrança de aproximadamente 10 milhões de ienes (R$250.000,00) só pela iluminação, controlada por um sofisticado sistema de computador. Não sabemos se o jogo de luzes vale de fato tudo isso; porque fazer essa avaliação é impossível para quem não é do ramo. Se ao menos tivéssemos outros orçamentos, poderíamos compará-los e ver a melhor oferta, mas, quando não há como comparar, só nos resta contratar essa empresa.

Considerei um valor excessivamente alto por tão pouco tempo, mas não deve ser fácil controlar os movimentos de luz automaticamente com o computador. Acho também que poderíamos ter realizado o evento sem este recurso, mas senti que ele poderia criar uma atmosfera agradável. Enfim, o custo da realização dos seminários em salões externos ficou muito caro.

A Pressão para Receber o Pagamento como Profissional

Os ingressos para minhas palestras aos poucos foram aumentando; passaram de 1.000 ienes para 2.000, 3.000, 5.000 e até 10.000 ienes. Dependendo do lugar, chegavam a custar 20 mil ienes (R$500,00), 30 mil ienes (R$750,00) e 50 mil ienes (R$1.250,00).

À medida que o preço sobe, o peso da responsabilidade aumenta. Os eventos de grande porte são bastante pesados. Evidentemente, temos de obter o sucesso nos eventos. O fracasso é inadmissível. Além disso, há também o risco do prejuízo.

Aliás, no passado, foi publicada numa revista semanal uma reportagem sobre a Happy Science que afirmava termos gasto 60 milhões de dólares no evento realizado no Tokyo Dome. A verdade é que gastamos no máximo 2 milhões, incluindo a locação, a montagem e outras despesas.

De qualquer modo, temos de continuar gerando lucro, por menor que seja, aumentando o faturamento inclusive nas palestras no Tokyo Dome. E mais: depois de realizar megaeventos, aos poucos torna-se impossível organizá-los em pequena escala. Levando-se em consideração tudo isso, a realização de eventos tem sido muito difícil.

Enfim, a pressão é muito grande para se ganhar dinheiro como profissional. Para ser sincero, era muito mais fácil quando os ingressos para minhas palestras custavam mil ienes (R$25,00). Sendo tão barato, eu podia encarar o evento de uma maneira mais descontraída. Com o aumento do preço do ingresso, também aumentam a responsabilidade e a expectativa do público.

O Estudo do Dia a Dia É Imprescindível para um Profissional

Então, para se tornar um profissional, o estudo do dia a dia é fundamental. É preciso acumular conhecimentos variados no cotidiano, fazendo disso um hábito, e, ao mesmo tempo, estudar também os temas diretamente relacionados ao seu

Liderança Baseada em Sabedoria Estratégica

trabalho. Isso faz parte da sabedoria estratégica e é de suma importância manter os estudos em dia.

Quando a pessoa se descuida dos estudos, logo os outros percebem. Por exemplo, durante a palestra que serviu de base para este capítulo, vieram participantes de todas as regiões do Japão. Se eu tivesse negligenciado meus estudos, certamente eles não voltariam mais nas próximas palestras. Precisaria implorar para que preenchessem as vagas. No entanto, como faço esforços contínuos para me aprimorar, as pessoas virão repetidas vezes, mesmo de regiões distantes.

Aliás, nas palestras realizadas no Templo *Shoshinkan* de Tóquio, com frequência acabo escolhendo pessoas vindas de locais distantes para participar da sessão de "Perguntas e Respostas". Fico admirado com aquelas que vêm de Hokkaido, Kyushu, Chugoku e outras regiões afastadas, só de pensar no alto custo de transporte. E me preocupo sempre se estou conseguindo profissionalmente proporcionar um conteúdo condizente com esse custo, durante o tempo que disponho.

Procuro sempre conferir, analisar e refletir se o conteúdo foi apropriado, assistindo ao DVD das minhas palestras. Realmente, o peso é grande.

Porém, isso certamente pode ser aplicado a tudo. Ganhar dinheiro pelo trabalho é realmente difícil.

A Empresa Cresce de Acordo com o Valor Agregado Gerado pelos Funcionários

A qualidade de um trabalho profissional depende também se ele foi executado por um funcionário efetivo ou temporário. No caso de um funcionário efetivo, no Japão a empresa

As Leis da Sabedoria

expressa sua intenção de mantê-lo pelo resto da vida, desde que não cometa infrações ou não seja negligente demais. Por isso é tão difícil tornar-se um funcionário efetivo.

Além disso, para um funcionário efetivo, não é um direito natural adquirido por tempo de casa assumir cargos como o de encarregado, coordenador, chefe, gerente de setor etc. Em vez disso, à medida que a empresa vai assumindo responsabilidade pública, se o profissional não gerar um valor agregado condizente com seu cargo, ele passa a ser um fardo para a companhia.

Basicamente, é uma questão de analisar se o valor do seu trabalho está aumentando ou não. Quando você trabalha sozinho, isso fica evidente pelas avaliações e retornos que recebe dos clientes; quando lidera um grupo de pessoas, isso será visível nos resultados obtidos pela equipe como um todo.

Afinal, como aumentar o valor do seu trabalho individual? Em primeiro lugar, o requisito mínimo é que as coisas melhorem depois que você assumir o cargo, e que a situação fique melhor "com você" do que "sem você" na função. Seria muito problemático ter alguém que gera resultados negativos, e sua presença na empresa teria valor apenas como medida de combate ao desemprego. Ou seja, se uma empresa aceita uma pessoa desse tipo, o Estado se beneficia com isso. Pode-se dizer que uma das funções públicas da empresa é fazer parte do combate ao desemprego.

De qualquer modo, pode-se pensar que, quanto maior a somatória dos valores agregados gerados por um funcionário, maior será o potencial de crescimento da sua empresa.

A Capacidade de Analisar Informações Que um Líder Deve Ter

As Estratégias e Táticas Mudam de Acordo com a Avaliação do Líder

Com relação às estratégias e táticas que um líder deve escolher, uma espécie de competição entra em jogo. Por exemplo, muitos dos participantes dos seminários da Happy Science são empresários ou gestores empresariais. Mesmo que o conteúdo do seminário seja igual para todos, o que eles extraem das palestras varia de uma pessoa para outra.

Um dos empresários assimilou bem a estratégia de concentração e aumentou seus lucros focando nos produtos que mais vendiam e comprando-os em quantidade a um preço menor. Assim, sua loja ficou conhecida como a mais barata de todas e vendeu muito. Este é o caso de uma empresa administrada por um fiel de nossa instituição.

Numa empresa de outro fiel, em vez de diversificar suas linhas de produtos, eles procuraram fortalecer a diversidade de produtos dentro de algumas linhas e passaram a ser conhecidos como a loja que tem todas as variedades daquelas linhas de produto. Por exemplo, há um local que possui um impressionante sortimento de pimentas.

As Leis da Sabedoria

Assim, todos os participantes do seminário ouvem a mesma palestra, mas cada um seleciona um ensinamento diferente do outro e o usa para a estratégia da sua empresa. Certamente, há ainda muito espaço para a criatividade nessa área.

Saber Identificar o Que é Verdadeiro Dentre as Informações Oficiais

Em relação à política econômica conhecida como "Abenomics"[3], vejo que existem tanto fatores de sucesso como de fracasso. Assim, tenho declarado: "Precisamos iniciar a gestão da era da perseverança. É realmente um jogo de paciência. Embora o governo esteja tomando algumas iniciativas, é muito difícil saber se a economia real acompanhará ou não".[4]

De fato, o valor das ações está subindo e os investidores estrangeiros estão investindo. Entretanto, a maioria dos investidores japoneses está pensando em se desfazer de suas ações. São muitos os que querem fazer lucro, comprando um pouco e vendendo tudo assim que subir. A verdade é que poucos acreditam na tendência ascendente da economia. Ainda estão todos observando a situação.

---

3. Abenomics, nomeada a partir de seu defensor e atual primeiro-ministro japonês Shinzō Abe, é uma série de medidas econômicas em vigor desde 2013 para tirar o país da crise econômica. Baseia-se em três pontos: estímulo fiscal, política monetária e reformas estruturais. (N. do E.)
4. *Management Strategy in the Age of Perseverance* ("Estratégia empresarial da era da perseverança"), de Ryuho Okawa, Editora IRH Press Japan, 2014.

Liderança Baseada em Sabedoria Estratégica

Os profissionais do ramo devem pensar se realmente é possível manter a economia japonesa aquecida, mesmo com os dois aumentos na alíquota de imposto sobre o consumo. Essa aposta pode dar certo ou não. É provável que o governo continue manipulando as informações e, portanto, a situação requer uma análise bem profunda para identificar as informações corretas e as manipuladas.

Sem dúvida, para alguém responsável por esse tipo de análise ou pela decisão gerencial, é de suma importância identificar o que é verdadeiro em meio às informações públicas oficiais.

Por exemplo, de acordo com as estatísticas de 2010, o PIB (Produto Interno bruto) da China superou o do Japão. E três anos depois, em 2013, foi anunciado que o PIB chinês já era o dobro do japonês. Certamente, o primeiro-ministro Abe levou um susto com a notícia. Também entendo perfeitamente por que ele quer visitar tantos países pelo mundo.

Como disse antes, não basta o Banco Central do Japão liberar grandes somas de dinheiro e incentivar o setor privado a gastá-lo. Ninguém vai gastar, pois estão todos preocupados com o futuro. A questão não é tão simples assim, pois as pessoas temem que ocorra de novo o estouro da bolha econômica. Se os empréstimos fossem feitos sem garantias e sem necessidade de devolução, a demanda seria ilimitada, mas, se vão cobrar a devolução quando o valor do bem em garantia cair, seria arriscado se endividar.

Eu já havia previsto que o investimento em outros países aumentaria e, de fato, o primeiro-ministro viajou para o exterior e está concedendo muitos empréstimos baseados em ienes praticamente sem juros. Para nações estrangeiras é interessante, pois as dívidas no final poderão ser zeradas se não conseguirem amortizar. No passado, muitas já foram zeradas dessa forma.

Porém, não sei se tais países são gratos por isso. A China, por exemplo, já recebeu do Japão mais de 60 bilhões de dólares via ODA (Ajuda Oficial ao Desenvolvimento). Com esse recurso, construíram estradas e pontes, mas, ao mesmo tempo, existe a possibilidade de que esse dinheiro tenha sido usado como verba militar. Isso coloca o Japão em uma situação bastante perigosa.

Enfim, saber analisar e interpretar as informações oficiais é uma questão de suma importância.

As Preocupações em Relação à China Que Podem Ser Percebidas pelos Noticiários

Com relação à informação de que o PIB da China é o dobro do Japão, em 25 de janeiro de 2014 houve uma matéria nos jornais sobre a produção de aço bruto. Pode-se dizer simplesmente "produção de aço e ferro" para facilitar o entendimento. Considerando-se a produção de aço e ferro em 2013, a China produziu sete vezes mais que o Japão. Se o PIB é de apenas o dobro, a produção de aço e ferro ser sete vezes maior é um tanto quanto anormal.

Para consumir sete vezes mais aço e ferro, por exemplo, o país precisaria estar construindo prédios elevados, que requerem muita estrutura de aço ou vergalhões, ou usando o aço para a fabricação de veículos. Outro uso seria na construção de navios. No entanto, observando essa relação de 7 para 1, tenho a impressão de que eles pretendem construir navios para fins de estratégia marítima.

Liderança Baseada em Sabedoria Estratégica

Antes de uma guerra, as nações incrementam sua produção de aço e ferro, e também precisam obter muitos insumos, como o coque, para fundir o minério de ferro. Nesse sentido, nos últimos anos a China visivelmente vem expandindo sua diplomacia e comprando muitos insumos em locais como Austrália, Argentina, Brasil, África etc. Dentre tais ações, a China tentou dominar o mercado de minério de ferro comprando terras na Austrália; no final, o plano acabou sendo rejeitado pelo governo australiano, o que fez com que os chineses mudassem de estratégia. De qualquer maneira, percebe-se facilmente que a China está se preparando para algo.

Assim, mesmo nas informações oficiais, é preciso conferir as anomalias e procurar identificar as reais intenções do outro lado.

Os Presidentes de Empresas Devem Retomar os Estudos de Inglês, Tornando-o a Língua Oficial Interna

Nos negócios, você também deve analisar fatores como as estratégias dos seus concorrentes. É preciso examinar o conceito da estratégia e ver se ela é acertada ou não.

Por exemplo, há empresas que consideram o inglês como a língua oficial e incentivam seu uso dentro da companhia porque de fato creem que precisam fortalecer sua estratégia internacional. Por outro lado, há também empresas que adotam o inglês como língua oficial para reduzir as diferenças no critério de admissão de funcionários japoneses e estrangeiros. Dessa forma, tentam reduzir custos de produção contratando mais estrangeiros e transferindo a produção para o exterior.

As Leis da Sabedoria

Ou seja, talvez a empresa tenha por objetivo reduzir os salários porque no Japão eles são altos e a produtividade não é tão elevada; já no exterior a produtividade é alta e os salários, baixos. É preciso ver bem a real intenção da empresa.

Existem diversas abordagens a considerar sobre gerenciamento. Há um aumento do risco em se fazer negócios em certos países (risco-país[5]), como o "risco chinês" e o "risco coreano". Assim, o governo japonês está lançando a diretriz de incrementar o intercâmbio com países islâmicos. Pode haver dificuldades devido às diferenças culturais e de costumes, mas o governo está tentando aumentar o número de nações que não precisam de visto para vir ao Japão, e se presume que o inglês será a língua oficial.

O mundo islâmico atualmente conta com uma população de cerca de 1,6 bilhão de pessoas, e logo deve chegar a 2 bilhões. Já existem muitos países onde o trabalho pode ser realizado em inglês. A Índia possui 1,2 bilhão de habitantes. Então, se olharmos para os locais onde o inglês é compreendido, veremos que existem de 3 a 4 bilhões de pessoas que trabalham num mundo onde o idioma falado é o inglês.

Levando-se em consideração esse dado, é razoável esperar que as empresas que almejam negociar com outros países incentivem seus funcionários a se empenhar nos estudos de inglês. Mesmo que a internacionalização não seja uma solução absoluta, não se pode dizer que não há risco em continuar contando apenas com o mercado interno.

---

5. O risco-país é um conceito que diz respeito à possibilidade de que mudanças políticas, econômicas, sociais ou ambientais tenham um impacto negativo nos investimentos feitos por empresas estrangeiras naquele país.

Liderança Baseada em Sabedoria Estratégica

Além de ser um método de expansão de negócios nos momentos de crise, é também um rumo que o Japão está incentivando. Assim, embora eu saiba que os donos de empresas e seus gestores estão assoberbados de trabalho, vale a pena retomar o estudo do inglês.

Claro, dizer que o presidente é quem deveria dominar o inglês dentro da empresa parece óbvio, mas essa não é uma meta assim tão fácil de alcançar. Entretanto, os funcionários observam de forma objetiva e imparcial as atitudes do presidente, e ficarão impressionados se ele demonstrar muito empenho apesar da idade, ou se encontrar pequenas brechas para estudar, embora o trabalho seja árduo e tenha muitas viagens e reuniões. Portanto, o presidente não precisa ser a pessoa mais fluente em inglês da empresa, mas os funcionários com frequência seguem o líder que dá o exemplo, sem usar justificativas como falta de tempo, excesso de trabalho ou cansaço.

A Sabedoria para Expandir os Negócios

Condições para Motivar as Pessoas

1. Ter uma Causa Nobre

Quem pensa em gerenciar muitas pessoas deve preencher ao menos dois requisitos. A primeira condição, que se aplica tanto para empreendimentos públicos de âmbito nacional como para a iniciativa privada ou mesmo para outros tipos de empreendimentos, é ter uma causa nobre. A menos que haja algum aspecto equivalente a um propósito nobre naquilo que você faz, as pessoas não vão segui-lo.

Se considerarmos a história da Restauração Meiji, ocorrida no Japão no século 19, logo fica claro o que significa ter uma causa nobre. Nessa revolução, a vitória e a derrota foram determinadas no final pelos líderes que defendiam uma causa nobre.

Na Batalha de Toba-Fushimi, por exemplo, a tropa oficial era composta por apenas 4 ou 5 mil soldados, enquanto a tropa do regime de xogunato era de 15 mil. Ou seja, num combate direto, o xogunato estava em clara vantagem. No entanto, embora a tropa oficial se encontrasse em número muito menor, lutou hasteando a bandeira imperial e demonstrou que o xogunato era inimigo da corte. Quando eles apresentaram esta causa nobre, a tropa do xogunato iniciou sua retirada.

Liderança Baseada em Sabedoria Estratégica

Ou seja, estabelecer uma causa nobre é uma questão de extrema importância, tanto que uma tropa de 4 a 5 mil soldados foi capaz de vencer uma de 15 mil. Quando os soldados do xogunato foram tratados como o exército rebelde, perderam a vontade de lutar. Eles não suportaram ser considerados traidores, a tropa rebelde e inimiga da corte imperial.

Esse tipo de causa nobre também pode ser encontrado na área política e nas revoluções, mas é igualmente necessário nas empresas. Isso vale para as de pequeno porte, e ainda é mais importante quanto maior for a empresa.

Portanto, a empresa precisa pensar numa causa nobre, porque seu crescimento, o aumento de vendas de seus produtos e o fato de que mais pessoas prefiram seus serviços em relação aos de outras companhias podem ser importantes para o povo e para o crescimento da nação ou do mundo. Quem não consegue pensar assim está agindo como um profissional autônomo. Se você deseja ter um corpo empresarial que comanda pessoas, deve assumir uma causa nobre. E quanto a esse aspecto, nem pense em usar mentiras e manipulações. Pense em uma causa nobre real, verdadeira.

Na Era dos Três Reinos na antiga China, por exemplo, Liu Bei tinha orgulho de ser descendente da Dinastia Han e, portanto, almejava restaurá-la. De outro lado, Cao Cao era ridicularizado por ser neto de eunuco. Mas continuou lutando em prol da causa nobre de restauração da Dinastia Han, pelo menos até se tornar o ministro soberano; por fim, a Dinastia Han foi extinta.

Assim, é preciso abraçar algum tipo de causa nobre para mobilizar o povo, e o mesmo pode ser dito sobre as empresas.

As Leis da Sabedoria

Claro, a Happy Science tem lançado diversas causas nobres. As pessoas se fortalecem quando acreditam nas causas nobres que defendemos e enfatizamos sempre. Como resultado, elas passam a ver justiça em lutar e vencer. Nesse sentido, em qualquer ramo de atividade é importante adotar uma causa nobre.

2. Ser Humilde e Ter a Atitude de Se Esforçar
Essas condições são necessárias àqueles que gerenciam outras pessoas. Numa empresa, há diferentes tipos de líderes, desde os inferiores na hierarquia, como os chefes de seção e gerentes de área, até o líder supremo, como o presidente. Todos esses líderes precisam ter uma causa nobre e, ao mesmo tempo, enquanto evoluem em sua função, devem conter o ego e se manter humildes aos olhos de terceiros. É de extrema importância demonstrar a atitude de estar dando o melhor de si àqueles ao seu redor e às demais pessoas sem ser hipócrita.

Portanto, quanto mais elevada a posição que você alcançar, mais deve refletir sobre seus pontos falhos, pensar em quais aspectos deve se esforçar e ser mais humilde; seu empenho deve ser constante, mesmo que não seja cobrado pelos outros.

Afirmei anteriormente que líder é aquele que sabe qual trabalho precisa fazer, mesmo sem receber ordens. No entanto, quanto mais elevada é sua posição, mais importante é manter uma postura humilde e se esforçar silenciosa e continuamente. Em outras palavras, um líder não deve pensar em ficar livre de suas tarefas sobrecarregando a maioria ou delegando seu trabalho aos outros. Uma vez conseguindo se liberar de alguns afazeres, deve pensar em como utilizar melhor a folga obtida.

Às vezes, essa folga pode significar um tempo livre, ou, então, pode ser uma folga financeira. E, nesse caso, como usá-la? Como fazer com que o tempo e o dinheiro continuem girando e aumentando cada vez mais? Já está investindo em algo? Está investindo seu tempo ou seu dinheiro? Tem feito esforços contínuos aproveitando as pequenas horas de folga? Na verdade, as pessoas estão constantemente observando esse tipo de coisa.

Como Criar Funcionários Semelhantes a Você e Treinar Gestores

Muitos empresários e administradores de empresa usaram seu precioso tempo num domingo para vir assistir à palestra "Liderança Baseada em Sabedoria Estratégica", que serviu de base para este capítulo. Talvez seus funcionários tenham ficado impressionados com o fato. Mas também existe a possibilidade de que o chefe deles estivesse cochilando durante a palestra. Portanto, você precisa provar que não dormiu.

Claro, não é preciso repetir na íntegra o conteúdo da palestra para os funcionários. Você pode explicar de modo sucinto o que aprendeu falando sobre isso na reunião matinal ou distribuindo um resumo, mas precisa se esforçar nesse sentido para aumentar o número de funcionários semelhantes a você, inclusive dentre aqueles que farão parte do quadro gerencial.

Há pouco citei Cao Cao como exemplo, e ele também está ligado ao livro *A Arte da Guerra*, um clássico consagrado da literatura chinesa. Não se sabe muito sobre o autor, Sun Tzu, mencionado somente na obra *Registros do Historiador*, de Sima Qian. Cao Cao, que viveu na Era dos Três Reinos, fez anotações no livro de Sun Tzu e sua versão de *A Arte da Guerra* foi preservada; dizem que serviu de texto base para a versão atual.

As Leis da Sabedoria

Considera-se que, excluindo-se os comentários escritos por Cao Cao, a parte escrita por Sun Tzu é todo o resto. Cao Cao, um homem que estava constantemente engajado em campanhas militares, acrescentou breves explicações e comentários ao livro *A Arte da Guerra*. Isso porque encontrou trechos dessa "arte" que pareciam ambíguos. Por exemplo, o livro ensina que a força militar deve ser concentrada, e, ao mesmo tempo, diz para "ser como água". Assim, é difícil conciliar estes dois ensinamentos.

Concentrar a força militar significa, por exemplo, avançar com uma única frente de batalha. No caso de uma empresa, isso pode significar que você deve lutar com o produto mais forte da sua empresa. Esse conceito pode ser aplicado também nas decisões de alocação de recursos humanos, materiais e financeiros.

Por outro lado, "Lute com a técnica de formação tática combinando 'a liberdade da água' com 'o movimento do inimigo'" pode significar confundir o concorrente desenvolvendo diversos tipos de produto e oferecendo vários tipos de serviço, tornando impossível prever o que você fará em seguida. Assim, pode haver duas opções, e essa interpretação é extremamente difícil.

Nesse sentido, a virtude de Cao Cao não foi somente ter estudado e aplicado *A Arte da Guerra* em seu próprio benefício, mas ter feito uma versão comentada do livro e depois tê-la reproduzido em grande escala para ser lida e estudada por seus generais, comandantes e estrategistas, ou ainda pelos aprendizes. Em outras palavras, ele desenvolveu um livro didático e, ao fazer a elite de sua equipe estudá-lo, conseguiu capacitá-los para pensar como ele. Essa abordagem é de extrema importância.

Liderança Baseada em Sabedoria Estratégica

Por Que a Happy Science Prioriza Consolidar Seu "Programa" na Forma de Material Didático

A Happy Science também adota a mesma atitude, e temos como prioridade a consolidação do nosso "programa" na forma de material didático. Isso nos permite ensinar e orientar outras pessoas, e podemos aumentar o número de indivíduos capazes de pensar como nós. É por isso que nossa instituição ressalta a importância de consolidar nossos ensinamentos na forma de texto.

Por exemplo, estamos construindo a Universidade Happy Science, mas, um ano antes de sua inauguração, nós temos anunciado publicamente o conteúdo das aulas. Isso é um feito inédito.

Além disso, de maneira audaciosa, estamos publicando livros que descrevem o que vai ser ensinado em nossa universidade. Ou seja, ao colocarmos nosso "programa" em livros didáticos, estamos dando prioridade à criação de material educacional.[6]

Claro, existe um grande risco de que o conteúdo de nossos livros seja plagiado; entretanto, isso vai se limitar ao tamanho da criatividade do imitador.

De qualquer modo, não é possível expandir um empreendimento sem que haja muitas pessoas que compartilhem o seu modo de pensar. Leve esse ponto em consideração profundamente.

---

6. *The New Idea of a University* ("Conceitos da Nova Universidade"), de Ryuho Okawa, IRH Press New York, 2014.

As Leis da Sabedoria

A Capacidade de Assumir Responsabilidades: Qualidade Fundamental para um Líder

Neste capítulo, descrevi o líder como aquela pessoa que sabe qual é seu trabalho, mesmo que ninguém lhe diga o que fazer. E, depois dessa definição, me aprofundei ainda mais no tema, afirmando que o líder precisa ter uma causa nobre. Também disse que, à medida que seu negócio prospera, você precisa diminuir a força do seu ego, usar sua criatividade sem desperdiçar tempo e mostrar que está se esforçando. Além disso, precisa adquirir a competência de analisar as informações e de tomar decisões para se diferenciar dos demais.

Na sociedade contemporânea, a liderança calcada na sabedoria estratégica baseia-se em estudos contínuos e na capacidade de perceber claramente coisas que os outros ainda nem notaram, ou sobre as quais ainda não pensaram. Para cumprir sua missão como líder com base nessas atitudes, você precisa ter tanto a capacidade de decisão como a de execução. Esses fatores são fundamentais.

E, por fim, um líder também precisa ter coragem. O resultado do seu trabalho vai acabar ficando evidente, mas uma pessoa que evita empreitadas que dão resultado não serve para ser líder. Quem não é capaz de assumir responsabilidades, por mais que tenha inteligência e seja

Liderança Baseada em Sabedoria Estratégica

preparado, deve continuar a fazer parte da equipe de funcionários.

Uma pessoa com capacidade para ser general talvez precise se responsabilizar por uma derrota. Assim como existem vitórias e derrotas, um líder deve ter coragem para aceitar ambas as situações e assumir a responsabilidade, exercendo suas habilidades de avaliação, tomada de decisão e execução. Evidentemente, em meio a isso está inclusa também a coragem de recuar quando é preciso. Este é o talento de um líder.

Em suma, para se tornar um líder é preciso ter a sabedoria estratégica típica de um estrategista e, ao mesmo tempo, ter coragem, capacidade de decisão e execução e de assumir responsabilidades. Isso conclui o capítulo sobre "Liderança Baseada na Sabedoria Estratégica", analisada sob diversos aspectos.

Capítulo Seis

O Desafio da Sabedoria

A Sabedoria Que Transcende o Ódio e Salva o Mundo

O Desafio da Sabedoria

O Mais Importante Ponto de Partida

As atividades da Happy Science são diversificadas e abrangem inúmeras áreas. Eu mesmo já estive envolvido com vários tipos de trabalho. Ao longo desse processo, por diversas vezes precisei voltar ao ponto de partida e repensar sobre o que é mais importante para os seres humanos.

E qual seria esse "ponto de partida"? Na verdade, é algo muito simples, fácil de entender e óbvio.

O mundo contemporâneo é formado por uma sociedade bastante complexa e altamente desenvolvida, e os estudos são especializados e fragmentados. E, por isso, mesmo aquelas pessoas que dominaram sua especialidade em determinado campo, elas perderam a visão do conjunto e desconhecem verdades simples como: "O que é ser humano?", "Por que nascemos neste mundo?" ou "De onde viemos e para onde iremos?".

Os humanos tornaram-se entendidos em questões específicas. Há mais especialistas agora do que qualquer um poderia imaginar há cem ou duzentos anos. E eles são muito confiantes em suas áreas de especialização.

No entanto, quando lhes perguntam de que modo veem a vida humana como um todo, por exemplo: "Que tipo de ser humano é você?" ou "O que significa ser gente?", muito poucos são capazes de dar respostas satisfatórias.

As Leis da Sabedoria

2

O Autêntico Direito de Saber

O Que os Seres Humanos Realmente Devem Saber

Hoje fala-se muito, no Japão, sobre a importância de tornar públicas as informações e também sobre o direito de saber. Evidentemente, concordo que os seres humanos têm direito a esse conhecimento, mas gostaria que você soubesse que o "direito de saber" não se restringe apenas às coisas deste mundo. Como humanos, nós realmente deveríamos saber quem somos de verdade e por que existimos agora.

Por que nascemos agora e qual a razão da nossa atual existência, com esta aparência, estas habilidades, dons e papéis?
Por que sentimos alegria, tristeza ou sofrimento?
Por que nos esforçamos para viver com bondade?
Por que não conseguimos evitar de nos esforçar, mesmo quando queremos parar?
Por que desejamos melhorar, tentando subir um ou dois degraus, num esforço para alcançar um nível espiritual maior do que o atual?
Se os seres humanos foram jogados neste planeta por acaso, por que existem pessoas neste mundo que estão determinadas a amar o próximo?
Por que há pessoas que queiram amar tantas outras?

O Desafio da Sabedoria

Estas são questões fundamentais para os seres humanos. Quanto mais você amplia seu "direito de saber", mais vai perceber que em muitos lugares do mundo os conflitos e o ódio prevalecem.

Há um Grupo de Pessoas Reluzentes em Meio aos Conflitos e ao Ódio

Em meio aos conflitos e ao ódio, há um grupo de pessoas que emitem uma luz brilhante. Mesmo vivendo cercadas por ódio, estão tentando superá-lo. Mesmo estando em um ambiente repleto de conflitos, elas não interrompem seus incessantes esforços para fazer a humanidade dar um passo à frente.

Aqueles que se reúnem na Happy Science também continuam a fazer o que deve ser feito dentro de suas possibilidades, por mais insignificante que seja. Entretanto, nosso trabalho ainda é ínfimo quando comparado à população mundial de bilhões de pessoas. Neste momento, pessoas em mais de cem países ouvem minhas palestras, mas minha voz ainda não foi longe o bastante.

Por mais que faça pregações diárias ou publique livros em diferentes partes do mundo, transmitindo as mensagens vindas de outras dimensões, esse trabalho ainda não chega a todos. Isso é muito triste.

As Pessoas Que Hoje Se Afastam da Fé Estão Cedendo a uma Civilização Materialista

Há um outro modo de encarar essa situação. Atualmente, quando dou uma palestra no Japão, ela é transmitida para diferentes locais do país via satélite, e algumas também são exibidas na tevê, com a colaboração de certas emissoras. Já na África, mais de 30 milhões de pessoas assistiram às minhas palestras pela tevê e muitas as ouvem semanalmente. Essa diferença deve ser por causa da atitude do povo japonês em relação à religião.

Por que é que, quanto mais a indústria se desenvolve e mais avançada e materialista uma civilização se torna, mais as pessoas se afastam da fé? Talvez seja porque elas registraram na mente que a fé é algo que vai contra a civilização moderna ou contra a era atual. Ou pode ser que sintam vergonha se os outros souberem que elas acreditam em Deus ou Buda.

Se for esse o caso, significa que, diante da pergunta: "De onde vieram os humanos que nasceram neste mundo e por que vivemos neste momento?", você está sendo derrotado pela civilização materialista da Terra. Por favor, fique sempre atento a esta Verdade.

Os Estudos Acadêmicos Precisam de Mais "Luz da Sabedoria"

Neste momento (na época da palestra) estamos realizando um grande movimento para a construção da Universidade Happy Science no Japão em 2015.

Muitos cursos estão sendo ministrados em diversas universidades atualmente. Os conhecimentos adquiridos nesses estudos acadêmicos se transformam em educação e dão força intelectual às pessoas, isto é, a capacidade de pensar. Esta força beneficia o mundo, mesmo que apenas um pouco, permite o progresso e facilita a vida neste planeta. Não pretendo negar os benefícios desta educação.

O Desafio da Sabedoria

Há muitos países pobres neste mundo, com pessoas que estão subnutridas por falta de alimento, que não têm moradia, que não têm água potável suficiente, que não conseguem cuidar da saúde de seus familiares. Há países que nem conseguem fazer as obras mais básicas de infraestrutura, como estradas ou pontes. É muito importante oferecer novos conhecimentos e instruções mais avançadas às pessoas desses países, trazer-lhes salvação enquanto ainda vivem neste planeta e ajudá-las a progredir com a força do estudo acadêmico. No entanto, hoje a educação precisa alcançar um nível mais alto, precisa da luz da sabedoria.

A "Luz da Sabedoria" Classifica o Conhecimento em Dois Tipos: o Que Faz as Pessoas Felizes e o Que Não Faz

A questão é: "Para que estudar? Qual a finalidade do conhecimento? Qual o objetivo de ser inteligente? Para que ser respeitado pelos outros como especialista?".

Aqueles que são respeitados por muitos pela quantidade de conhecimentos que possuem precisam saber que suas opiniões podem tanto salvar as pessoas como também confundi-las.

O conhecimento por si só é neutro em valores. Embora o conhecimento pareça servir a algum propósito, de fato pode tanto prejudicar as pessoas como proporcionar-lhes felicidade.

O que diferencia o conhecimento que faz os outros felizes daquele que prejudica os outros – e, por conseguinte, causa sofrimento e tristeza aos outros – é a força da sabedoria.

As Leis da Sabedoria

Dê às Pessoas um Vislumbre das Qualidades de um Anjo

Adquira a Sabedoria Que Pode Salvar Pessoas, Superando a Discriminação e o Preconceito

Afinal, como alcançar esta sabedoria? Não há dúvida de que ela pode ser adquirida por meio de estudos diários e experiências diversas. Também conseguimos obter um nível maior de consciência, viver sem cometer erros e orientar outras pessoas quando recebemos valiosos ensinamentos de nossos antecessores. Mas há algo mais a ser dito.

As pessoas têm permissão para nascer e viver neste mundo por uma razão muito simples: o ser humano é um viajante que passeia entre dois mundos: o mundo espiritual, também conhecido como Mundo Real, e o mundo terreno.

Enquanto vivemos aqui, esquecemos como era o mundo de onde viemos e passamos a ter interesse apenas por coisas terrenas. Porém, em meio a estas vidas na Terra, algumas pessoas conseguem encontrar e adquirir a força da virtude no mundo verdadeiro – conhecido como Mundo Real – e passam a ver este mundo terreno como "o mundo criado por Deus ou Buda" com muito encantamento.

Quando um indivíduo vê este mundo com olhos repletos de preconceito, passa a discriminar os outros em razão da cor da pele, renda, posição social, escolaridade, país de origem etc. Mas, se a pessoa observar este planeta de uma perspectiva maior, pela ótica do mundo espiritual superior, vai compreender que essas distinções ou discriminações não têm sentido. Pelo contrário, quem carrega consigo condições desvantajosas neste mundo, vive numa situação mais difícil que os outros, enfrenta uma luta árdua e mesmo assim procura explorar seu potencial e estender a mão da salvação aos demais, é na verdade a luz deste mundo. É o amor deste mundo. É o perdão deste mundo.

Embora seja difícil viver neste planeta, se você for capaz de dar aos outros um vislumbre das qualidades dos anjos, significa que adquiriu sabedoria, não importa quão pouco seja.

Como Levar o Povo de uma Nação à Felicidade, Respeitando Diferentes Estilos de Vida

O mundo hoje está dividido em cerca de 200 nações. Apesar de estarmos todos no século 21, inúmeros povos vivem em condições completamente diferentes entre si em termos de meio ambiente, princípios, diretrizes educacionais e sistema político. Como a raça humana é bem diversificada, é natural que existam muitas experiências de civilização e diferentes estilos de vida. E devemos aceitar esse fato.

No entanto, para saber conduzir o povo de uma nação à felicidade respeitando-se os diferentes estilos de vida, desde que seus objetivos e propósitos estejam bem definidos, você poderá ajudá-lo a avançar rumo ao mesmo cume da montanha, embora os métodos e caminhos possam ser diferentes.

Mesmo levando-se em consideração essas diferenças de métodos e meios, existem pessoas que se apegam a métodos que espalham infelicidade pela sociedade e por outras nações. Este também é um dos papéis da Happy Science: fornecer uma luz, como os tépidos raios de sol da primavera, que possa brilhar no coração teimoso dessas pessoas.

Desejo Disseminar a Verdade Rapidamente

Meu coração está repleto de vontade de espalhar a Verdade rapidamente, urgentemente, até os locais mais remotos. Porém, no mundo da realidade nossos passos avançam lentamente, como o caminhar de uma lesma. Estamos, mal e mal, progredindo uns poucos milímetros.

Desde 1990 venho fazendo palestras em grandes auditórios com capacidade para mais de 10 mil pessoas. Claro, na época nem existia transmissão via satélite. As pessoas vinham assistir pessoalmente às minhas palestras em qualquer época do ano. Hoje, minhas palestras são transmitidas para mais de 3.500 locais diferentes, pelo Japão e ao redor do mundo. Comparando-se com aquela época, podemos dizer que meus ensinamentos estão sendo difundidos muito mais amplamente. No entanto, nossa força ainda não é suficiente. Por favor, tenha consciência disso.

A Missão de El Cantare e a Vitória Neste Mundo

Tendo o Japão como nossa base, atualmente estamos levando adiante nossas atividades para difundir a Verdade, mas há nações que encaram o Japão com certa hostilidade. É natural que existam diferentes modos de pensar, e considero importante o esforço de cada país para corrigir os próprios erros e os do próximo. E também é verdade que nem sempre os japoneses estiveram certos.

O Desafio da Sabedoria

No entanto, penso que o modo como os japoneses viveram no passado deveria ser avaliado com base nos resultados, isto é, pelo modo de vida atual.

Algumas pessoas têm ressentimentos com relação aos japoneses, e dizem que não vão perdoá-los por mil anos. Mas, se conseguirem praticar a força do amor e do perdão e desejarem a felicidade a todos os povos do mundo, com certeza elas poderão afirmar que já triunfaram neste planeta.

Aqueles que quiserem, podem continuar ressentidos com os japoneses por mais mil anos. Porém, devemos conceder-lhes o perdão por dois mil anos. Se há países que alegam ter sofrido com as atrocidades cometidas pelos japoneses por séculos no passado, nós devemos continuar trazendo felicidade a esses países por milênios. Além do mais, o ódio surgiu neste mundo por causa de diferenças religiosas, por exemplo, entre o islamismo, o judaísmo, o cristianismo e o budismo, e outras filosofias e crenças. Contudo, a missão de El Cantare é justamente acabar com isso.

Na Happy Science, explicamos que El Cantare é a entidade que vem orientando diversas religiões do mundo ao longo da História. Do ponto de vista do pensamento comum das pessoas de hoje, essa afirmação parece uma fantasia total, pura imaginação, uma ideia tão absurda que seria rejeitada no atual mundo acadêmico. No entanto, como disse Jesus, é pelos frutos que se conhece a boa árvore.

O Trabalho dos Espíritos Guias de Luz na Terra

Se os "frutos" gerados por você conseguem suplantar o ódio e fazem brotar flores de amor por todo o mundo, então a "árvore", a origem dos ensinamentos que você aprende, existe para salvar o mundo. Essa árvore chama-se "El Cantare"! Embora as pessoas possam chamá-lo por diferentes nomes, estou me referindo à Origem, ou ao Único. Todas as religiões, ideologias, filosofias e os diversos estudos acadêmicos do mundo surgiram a partir dessa Fonte Original.

Hoje, as filosofias tornaram-se tão especializadas e se dividiram em tantos ramos que sua essência se perdeu. Por mais que se façam pesquisas acadêmicas sobre as religiões, não se conhece a origem delas. Por mais que se pesquise o budismo, surgem pessoas que afirmam "Buda é ateísta e materialista". Há até nações que respeitam Confúcio, mas ignoram as coisas espirituais porque ele não ensinou sobre as coisas do outro mundo[1].

Com o passar do tempo, as filosofias podem ficar ultrapassadas e se tornar invisíveis. Por isso, de tempos em tempos os Espíritos Guias de Luz descem à Terra para corrigir as ilusões das pessoas deste mundo. Eles corrigem os erros ou alteram ensinamentos errôneos para nos mostrar como o mundo deveria ser, de um modo simples. Este é o trabalho deles.

Em termos históricos, muitas pessoas como estas tiveram mortes trágicas e não foram compreendidas por seus contemporâneos, pois contrariaram o senso comum da época ou revelaram ter pensamentos avançados demais para a época. Diversos antecessores nossos passaram por isso.

---

1 De acordo com a publicação de um jornal chinês, Xi Jinping, Presidente da China, anunciou, durante o Comitê Central de Assuntos Étnicos, realizado em setembro de 2014, o princípio de que os membros do Partido Comunista Chinês não devem ter crenças religiosas nem devem participar de atividades religiosas.

O Desafio da Sabedoria

Sob a Bandeira da Verdade Imortal

Sabedoria é Alcançar a Verdade Universal para a Humanidade

No entanto, tenho a ousadia de lhe dizer:

A vida na Terra é finita.
Mas a Verdade jamais morre.
A Verdade é eterna.
Minhas palavras viverão por 500, 1.000, 2.000, 3.000 anos.
E ficarão gravadas definitivamente na história da humanidade.
Nessa época, nem sequer as fotos de El Cantare existirão.
E provavelmente nada terá restado.
Porém, é fato, um homem nasceu em um minúsculo país do Oriente e, transcendendo as fronteiras do Japão, trouxe a boa-nova aos povos do mundo.
Não deixe jamais que este fato seja apagado da história da Terra.

Por favor, pare de se satisfazer apenas em obter os simplórios conhecimentos terrenos. Você veio a este planeta para alcançar a Verdade universal que transcende o conhecimento deste mundo. Isto sim é a sabedoria.

Do Desafio dos Estudos Acadêmicos para o Desafio da Sabedoria

Já fundamos duas escolas no Japão, as Academias Happy Science, nas regiões de Kanto e Kansai. Além disso, estamos construindo uma universidade, com previsão de inauguração em 2015. Assim, estamos encarando o desafio de entrar também na área educacional.

As pessoas consideradas "eruditas" no meio acadêmico estão falhando em demonstrar seus sentimentos profundos de amor e gratidão sincera aos povos deste mundo. Em vez disso, estão se tornando frias, pessoas egoístas que sugam o respeito e reconhecimento dos outros. Quando constato esta realidade, percebo que gostaria realmente de encorajá-las – as que se dedicaram aos estudos acadêmicos e aprenderam muito – a desenvolver a capacidade de amar outras pessoas. Este é "O Desafio da Sabedoria" que gostaria de lhe transmitir neste capítulo.

> De agora em diante,
> Agarre-se à Verdade Eterna com suas próprias mãos.
> Sob a bandeira da Verdade,
> Lute até o fim
> Para criar a Utopia na Terra,
> Não apenas para si mesmo,
> Mas para todas as pessoas à sua volta,
> Para o povo do seu país,
> E para todos os povos do mundo.

Posfácio

As informações e os conhecimentos disponíveis aos indivíduos e organizações de fato aumentaram com o desenvolvimento da tecnologia. A vantagem aumentou em grande escala não somente pela quantidade, mas também pela eficiência de tempo em sua aquisição.

As pessoas da era contemporânea podem ter a ilusão de que estão a um passo de se tornarem Deus. Por outro lado, não é crível que os transeuntes das faixas de pedestres que manuseiam celulares ou *smartphones* sejam mais sábios que Sócrates ou Kant. Isso é realmente um fato.

Na cerimônia inicial das aulas da Universidade de Tóquio, em 2014, houve uma cena em que o diretor educacional fez um alerta aos novos alunos em seu discurso: "Diminuam pela metade o tempo que vocês gastam ao celular e leiam livros!" Esta é outra versão do alerta dado por certo comentarista da nossa época que dizia: "Se ficarmos só vendo tevê, vamos ter 100 milhões de idiotas". Este livro aborda de uma forma moderna o método para viver ao estilo intelectual clássico, além de falar também sobre o método de produção intelectual.

Trata-se de um livro que também apresenta a teoria de trabalho de um intelectual sob a ótica de um homem que transcende sua época e tem orgulho de ser o maior produtor intelectual do mundo em termos de volume.

Ryuho Okawa
Dezembro de 2014

Sobre o autor

O mestre Ryuho Okawa começou a receber mensagens de grandes personalidades da história – Jesus, Buda e outros seres celestiais – em 1981. Esses seres sagrados vieram com mensagens apaixonadas e urgentes, rogando que ele transmitisse às pessoas na Terra a sabedoria divina deles. Assim se revelou o chamado para que ele se tornasse um líder espiritual e inspirasse pessoas no mundo todo com as Verdades espirituais sobre a origem da humanidade e sobre a alma, por tanto tempo ocultas. Esses diálogos desvendaram os mistérios do Céu e do Inferno e se tornaram a base sobre a qual o mestre Okawa construiu sua filosofia espiritual. À medida que sua consciência espiritual se aprofundou, ele compreendeu que essa sabedoria continha o poder de ajudar a humanidade a superar conflitos religiosos e culturais e conduzi-la a uma era de paz e harmonia na Terra.

Pouco antes de completar 30 anos, o mestre Okawa deixou de lado uma promissora carreira de negócios para se dedicar totalmente à publicação das mensagens que recebe do Mundo Celestial. Desde então, até o final de dezembro de 2014, lançou mais de 1.800 livros, tornando-se um autor de grande sucesso no Japão e no mundo. A universalidade da sabedoria que ele compartilha, a profundidade de sua filosofia religiosa e espiritual e a clareza e compaixão de suas mensagens continuam a atrair milhões de leitores. Além de seu trabalho contínuo como escritor, o mestre Okawa dá palestras públicas pelo mundo todo.

Sobre a Happy Science

Em 1986, o mestre Ryuho Okawa fundou a Happy Science, um movimento espiritual empenhado em levar mais felicidade à humanidade pela superação de barreiras raciais, religiosas e culturais, e pelo trabalho rumo ao ideal de um mundo unido em paz e harmonia. Apoiada por seguidores que vivem de acordo com as palavras de iluminada sabedoria do mestre Okawa, a Happy Science tem crescido rapidamente desde sua fundação no Japão e hoje conta com mais de 12 milhões de membros em todo o globo, com Templos locais em Nova York, Los Angeles, São Francisco, Tóquio, Londres, Paris, Düsseldorf, Sydney, São Paulo e Seul, dentre as principais cidades. Semanalmente o mestre Okawa ensina nos Templos da Happy Science e viaja pelo mundo dando palestras abertas ao público. A Happy Science possui vários programas e serviços de apoio às comunidades locais e pessoas necessitadas, como programas educacionais pré e pós-escolares para jovens e serviços para idosos e pessoas com necessidades especiais. Os membros também participam de atividades sociais e beneficentes, que no passado incluíram ajuda humanitária às vítimas de terremotos na China e no Japão, levantamento de fundos para uma escola na Índia e doação de mosquiteiros para hospitais em Uganda.

Programas e Eventos

Os templos locais da Happy Science oferecem regularmente eventos, programas e seminários. Junte-se às nossas sessões de meditação, assista às nossas palestras, participe dos grupos de estudo, seminários e eventos literários. Nossos programas ajudarão você a:

- Aprofundar sua compreensão do propósito e significado da vida.
- Melhorar seus relacionamentos conforme você aprende a amar incondicionalmente.
- Aprender a tranquilizar a mente mesmo em dias estressantes, pela prática da contemplação e da meditação.
- Aprender a superar os desafios da vida e muito mais.

Seminários Internacionais

Anualmente, amigos do mundo inteiro comparecem aos nossos seminários internacionais, que ocorrem em nossos templos no Japão. Todo ano são oferecidos programas diferentes sobre diversos tópicos, entre eles como melhorar relacionamentos praticando os Oito Corretos Caminhos para a iluminação e como amar a si mesmo.

Revista Happy Science

Leia os ensinamentos do mestre Okawa na revista mensal *Happy Science*, que também traz experiências de vida de membros do mundo todo, informações sobre vídeos da Happy Science, resenhas de livros etc. A revista está disponível em inglês, português, espanhol, francês, alemão, chinês, coreano e outras línguas. Edições anteriores podem ser adquiridas por encomenda. Assinaturas podem ser feitas no templo da Happy Science mais perto de você.

Contatos

BRASIL	www.happyscience-br.org
SÃO PAULO (Matriz)	R. Domingos de Morais 1154, Vila Mariana, São Paulo, SP, CEP 04010-100 TEL. 55-11-5088-3800 FAX 5511-5088-3806, **sp@happy-science.org**
Região Sul	R. Domingos de Morais 1154, 1º and., Vila Mariana, São Paulo, SP, CEP 04010-100 TEL. 55-11-5574-0054 FAX 5511-5574-8164, **sp_sul@happy-science.org**
Região Leste	R. Fernão Tavares 124, Tatuapé, São Paulo, SP, CEP 03306-030 TEL. 55-11-2295-8500 FAX 5511-2295-8505, **sp_leste@happy-science.org**
Região Oeste	R. Grauçá 77, Vila Sônia, São Paulo, SP, CEP 05626-020 TEL. 55-11-3061-5400, **sp_oeste@happy-science.org**
JUNDIAÍ	Rua Congo 447, Jd. Bonfiglioli, Jundiaí, SP, CEP 13207-340 TEL. 55-11-4587-5952, **jundiai@happy-science.org**
SANTOS	Rua Itororó 29, Centro, Santos, SP, CEP 11010-070 TEL. 55-13-3219-4600, **santos@happy-science.org**
SOROCABA	Rua Dr. Álvaro Soares 195, sala 3, Centro, Sorocaba, SP, CEP 18010-190 TEL. 55-15-3359-1601, **sorocaba@happy-science.org**
RIO DE JANEIRO	Largo do Machado 21 sala 607, Catete, Rio de Janeiro, RJ, CEP 22221-020 TEL. 55-21-3243-1475, **riodejaneiro@happy-science.org**
INTERNACIONAL	www. happyscience.org
ACRA (Gana)	28 Samora Machel Street, Asylum Down, Accra, Ghana TEL. 233-30703-1610, **ghana@happy-science.org**
AUCKLAND (Nova Zelândia)	409A Manukau Road, Epsom 1023, Auckland, New Zealand TEL. 64-9-630-5677 FAX 64 9 6305676, **newzealand@happy-science.org**
BANGCOC (Tailândia)	Between Soi 26-28, 710/4 Sukhumvit Rd., Klongton, Klongtoey, Bangkok 10110 TEL. 66-2-258-5750 FAX 66-2-258-5749, **bangkok@happy-science.org**

As Leis da Sabedoria

CINGAPURA	190 Middle Road #16-05, Fortune Centre, Singapore 188979 TEL. 65 6837 0777/ 6837 0771 FAX 65 6837 0772, singapore@happy-science.org
COLOMBO (Sri Lanka)	No. 53, Ananda Kumaraswamy Mawatha, Colombo 7 Sri Lanka TEL. 94-011-257-3739, srilanka@happy-science.org
DURBAN (África do Sul)	55 Cowey Road, Durban 4001, South Africa TEL. 031-2071217 FAX 031-2076765, southafrica@happy-science.org
DÜSSELDORF (Alemanha)	Klosterstr. 112, 40211 Düsseldorf, Germany **web: http://hs-d.de/** TEL. 49-211-93652470 FAX 49-211-93652471, germany@happy-science.org
FINLÂNDIA	finland@happy-science.org
FLÓRIDA (EUA)	12208 N 56th St., Temple Terrace, Florida 33617 TEL. 813-914-7771 FAX 813-914-7710, florida@happy-science.org
HONG KONG	Unit A, 3/F-A Redana Centre, 25 Yiu Wa Street, Causeway Bay TEL. 85-2-2891-1963, hongkong@happy-science.org
HONOLULU (EUA)	1221 Kapiolani Blvd, Suite 920, Honolulu, Hawaii 96814, USA, TEL. 1-808-591-9772 FAX 1-808-591-9776, hi@happy-science.org, www.happyscience-hi.org
KAMPALA (Uganda)	Plot 17 Old Kampala Road, Kampala, Uganda P.O. Box 34130, TEL. 256-78-4728601 uganda@happy-science.org, www.happyscience-uganda.org
KATMANDU (Nepal)	Kathmandu Metropolitan City, Ward No-9, Gaushala, Surya Bikram Gynwali Marga, House No. 1941, Kathmandu TEL. 977-0144-71506, nepal@happy-science.org
LAGOS (Nigéria)	1st Floor, 2A Makinde Street, Alausa, Ikeja, off Awolowo Way, Ikeja-Lagos State, Nigeria, TEL. 234-805580-2790, nigeria@happy-science.org
LIMA (Peru)	Av. Angamos Oeste 354, Miraflores, Lima, Peru, TEL. 51-1-9872-2600, peru@happy-science.org, www.happyscience.jp/sp
LONDRES (GBR)	3 Margaret Street, London W1W 8RE, United Kingdom TEL. 44-20-7323-9255 FAX 44-20-7323-9344 eu@happy-science.org, www.happyscience-eu.org

Contatos

LOS ANGELES (EUA)	1590 E. Del Mar Blvd., Pasadena, CA 91106, USA, TEL. 1-626-395-7775 FAX 1-626-395-7776, la@happy-science.org, www.happyscience-la.org
MANILA (Filipinas)	Gold Loop Tower A 701, Escriva Drive Ortigas Center Pasig City 1605, Metro Manila, Philippines, TEL. 09472784413, **philippines@happy-science.org**
MÉXICO	Av.Insurgentes Sur 1443, Col, Insurgentes Mixcoac, Mexico 03920, D.F **mexico@happy-science.org**, www.happyscience.jp/sp
NOVA DÉLI (Índia)	314-319, Aggarwal Square Plaza, Plot-8, Pocket-7, Sector-12, Dwarka, New Delhi-7S, TEL. 91-11-4511-8226, **newdelhi@happy-science.org**
NOVA YORK (EUA)	79 Franklin Street, New York, New York 10013, USA, TEL. 1-212-343-7972 FAX 1-212-343-7973, ny@happy-science.org, www.happyscience-ny.org
PARIS (França)	56, rue Fondary 75015 Paris, France TEL. 33-9-5040-1110 FAX 33-9-55401110 france@happy-science.org, www.happyscience-fr.org
SÃO FRANCISCO (EUA)	525 Clinton St., Redwood City, CA 94062, USA TEL./FAX 1-650-363-2777, **sf@happy-science.org**, www.happyscience-sf.org
SEUL (Coreia do Sul)	162-17 Sadang3-dong, Dongjak-gu, Seoul, Korea TEL. 82-2-3478-8777 FAX 82-2-3478-9777, **korea@happy-science.org**
SYDNEY (Austrália)	Suite 17, 71-77 Penshurst Street, Willoughby, NSW 2068, Australia TEL. 61-2-9967-0766 FAX 61-2-9967-0866, **sydney@happy-science.org**
TAIPÉ (Taiwan)	No. 89, Lane 155, Dunhua N. Rd., Songshan District, Taipei City 105, Taiwan TEL. 886-2-2719-9377 FAX 886-2-2719-5570, **taiwan@happy-science.org**
TÓQUIO (Japão)	6F 1-6-7 Togoshi, Shinagawa, Tokyo, 142-0041, Japan, TEL. 03-6384-5770 FAX 03-6384-5776, **tokyo@happy-science.org, www.happy-science.jp**
TORONTO (Canadá)	323 College St. Toronto ON Canada M5T 1S2 TEL. 1-416-901-3747, **toronto@happy-science.org**
VIENA (Áustria)	Zentagasse 40-42/1/1b, 1050, Wien, Austria/EU TEL./ FAX 43-1-9455604, **austria-vienna@happy-science.org**

Outros livros de Ryuho Okawa

SÉRIE LEIS

As Leis do Sol
O Caminho Rumo a El Cantare
Ensinamentos de Buda para a Nova Era
Editora Best Seller

Neste livro poderoso, Ryuho Okawa revela a natureza transcendental da consciência e os segredos do nosso universo multidimensional, bem como o lugar que ocupamos nele. Ao compreender as leis naturais que regem o universo, e desenvolver sabedoria através da reflexão com base nos Oito Corretos Caminhos ensinados no budismo, o autor tem como acelerar nosso eterno processo de desenvolvimento e ascensão espiritual.

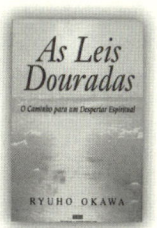

As Leis Douradas
O Caminho para um Despertar Espiritual
Editora Best Seller

Os Grandes Espíritos Guia de Luz, como Buda Shakyamuni e Jesus Cristo, sempre estiveram aqui para cuidar do nosso desenvolvimento espiritual. Este livro traz a visão do Supremo Espírito que rege o Grupo Espiritual da Terra, El Cantare, revelando como o plano de Deus tem se concretizado.

As Leis da Eternidade
A Revelação dos Segredos das Dimensões Espirituais do Universo – Editora Cultrix

Okawa revela os aspectos multidimensionais do Outro Mundo, suas características e leis, e explica por que é essencial compreendermos sua estrutura, e percebermos a razão de nossa vida – como parte da preparação para a Era Dourada que está por se iniciar.

As Leis da Sabedoria

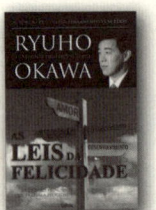

As Leis da Felicidade
Os Quatro Princípios para uma
Vida Bem-Sucedida
Editora Cultrix

O autor ensina que, se as pessoas conseguem dominar os Princípios da Felicidade – Amor, Conhecimento, Reflexão e Desenvolvimento –, elas podem fazer sua vida brilhar, tanto neste mundo como no outro, pois esses princípios são os que conduzem as pessoas à verdadeira felicidade.

As Leis da Salvação
Fé e a Sociedade Futura
IRH Press do Brasil

O livro analisa o tema da fé e traz explicações que ajudam a elucidar os mecanismos da vida e o que ocorre depois dela, permitindo que os seres humanos adquiram maior grau de compreensão, progresso e felicidade. Também aborda questões importantes, como a verdadeira natureza do homem enquanto ser espiritual, a necessidade da religião, a existência do bem e do mal, o papel das escolhas, a possibilidade do armagedom, o caminho da fé e a esperança no futuro, entre outros.

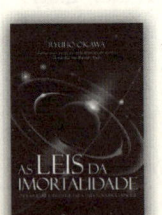

As Leis da Imortalidade
O Despertar Espiritual para uma
Nova Era Espacial
IRH Press do Brasil

Milagres ocorrem o tempo todo à nossa volta. Aqui, o mestre Okawa revela as verdades sobre os fenômenos espirituais e ensina que as leis espirituais eternas realmente existem, e como elas moldam o nosso planeta e os outros além deste. Milagres e ocorrências espirituais dependem não só do Mundo Celestial, mas sobretudo de cada um de nós e do poder contido em nosso interior – o poder da fé.

Outros Livros de Ryuho Okawa

As Leis Místicas
Transcendendo as Dimensões Espirituais
IRH Press do Brasil

A humanidade está entrando numa nova era de despertar espiritual. Aqui são esclarecidas questões sobre espiritualidade, ocultismo, possessões e fenômenos místicos, canalizações, comunicações espirituais e milagres que não foram ensinados nas escolas nem nas religiões. Você compreenderá o verdadeiro sentido da vida na Terra e fortalecerá sua fé, despertando o poder de superar seus limites.

As Leis do Futuro
Os Sinais da Nova Era
IRH Press do Brasil

O futuro está em suas mãos. O destino não é algo imutável e pode ser alterado por seus pensamentos e suas escolhas. Podemos encontrar o Caminho da Vitória usando a força do pensamento para obter sucesso material e espiritual. O desânimo e o fracasso não existem de fato: são lições para o nosso aprimoramento na Terra. Ao ler este livro, a esperança renascerá em seu coração e você cruzará o portal para a nova era.

As Leis da Perseverança
*Como Romper os Dogmas da Sociedade
e Superar as Fases Difíceis da Vida*
IRH Press do Brasil

Nesta obra, você compreenderá que pode mudar sua maneira de pensar e vencer os obstáculos que o senso comum da sociedade colocam em nosso caminho. Aqui, o mestre Okawa compartilha seus segredos no uso da perseverança e do esforço para fortalecer sua mente, superar suas limitações e resistir ao longo do caminho que o conduzirá a uma vitória infalível.

As Leis da Sabedoria

Série Entrevistas Espirituais

A Última Mensagem de Nelson Mandela para o Mundo
Uma Conversa com Madiba Seis Horas Após Sua Morte
IRH Press do Brasil

A Série Entrevistas Espirituais traz mensagens de espíritos famosos e revolucionários da história da humanidade e de espíritos guardiões de pessoas ainda encarnadas. Nelson Mandela veio até o mestre Okawa após seu falecimento e transmitiu sua última mensagem de amor e justiça para todos, antes de retornar ao Mundo Espiritual. Porém, a revelação mais surpreendente deste livro é que Mandela é um Grande Anjo de Luz, trazido a este mundo para promover a justiça divina.

A Verdade sobre o Massacre de Nanquim
Revelações de Iris Chang
IRH Press do Brasil

Série Entrevistas Espirituais. Iris Chang ganhou notoriedade após lançar, em 1997, *O Estupro de Nanquim*, em que denuncia as atrocidades cometidas pelo Exército Imperial Japonês na Guerra Sino-Japonesa, em 1938-39. Atualmente, porém, essas afirmações vêm sendo questionadas. Para esclarecer o assunto, Okawa invocou o espírito da jornalista dez anos após sua morte e revela, aqui, o estado de Chang à época de sua morte e a forte possibilidade de uma conspiração por trás de seu livro.

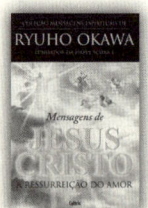

Mensagens de Jesus Cristo
A Ressurreição do Amor
Editora Cultrix

Assim como muitos outros Espíritos Superiores, Jesus Cristo tem transmitido diversas mensagens espirituais ao mestre Okawa, cujo objetivo é orientar a humanidade e despertá-la para uma nova era de espiritualidade.

Outros Livros de Ryuho Okawa

Walt Disney
Os Segredos da Magia que Encanta as Pessoas
IRH Press do Brasil

Nesta entrevista espiritual, Walt Disney – o criador de Mickey Mouse e fundador do império conhecido como Disney World – nos revela os segredos do sucesso que o consagrou como um dos mais bem-sucedidos empresários da área de entretenimento do mundo contemporâneo.

O Próximo Grande Despertar
Um Renascimento Espiritual
IRH Press do Brasil

Esta obra traz revelações surpreendentes, que podem desafiar suas crenças. São mensagens transmitidas pelos Espíritos Superiores ao mestre Okawa, para que você compreenda a verdade sobre o que chamamos de "realidade". Se você ainda não está convencido de que há muito mais coisas do que aquilo que podemos ver, ouvir, tocar e experimentar; se você ainda não está certo de que os Espíritos Superiores, os Anjos da Guarda e os alienígenas existem aqui na Terra, então leia este livro.

SÉRIE AUTOAJUDA

Mude Sua Vida, Mude o Mundo
Um Guia Espiritual para Viver Agora
IRH Press do Brasil

Este livro é uma mensagem de esperança, que contém a solução para o estado de crise em que nos encontramos hoje. É um chamado para nos fazer despertar para a Verdade de nossa ascendência, para que todos nós, como irmãos, possamos reconstruir o planeta e transformá-lo numa terra de paz, prosperidade e felicidade.

As Leis da Sabedoria

A Mente Inabalável
Como Superar as Dificuldades da Vida
IRH Press do Brasil

Muitas vezes somos incapazes de lidar com os obstáculos da vida, sejam eles problemas pessoais ou profissionais, tragédias inesperadas ou dificuldades que nos acompanham há tempos. Para o autor, a melhor solução para tais situações é ter uma mente inabalável. Ele descreve maneiras de adquirir confiança em si mesmo e alcançar o crescimento espiritual, adotando como base uma perspectiva espiritual.

Estou bem!
7 Passos para uma Vida Feliz
IRH Press do Brasil

Diferentemente dos textos de autoajuda escritos no Ocidente, este livro traz filosofias universais adequadas a qualquer pessoa. Um tesouro com reflexões que transcendem as diferenças culturais, geográficas, religiosas e raciais. É uma fonte de inspiração e transformação que dá instruções concretas para uma vida feliz. Seguindo os passos deste livro, você poderá dizer "Estou bem!" com convicção e um sorriso amplo, onde quer que esteja e diante de qualquer circunstância que a vida lhe apresente.

THINK BIG – Pense Grande
O Poder para Criar o Seu Futuro
IRH Press do Brasil

Tudo na vida das pessoas manifesta-se de acordo com o pensamento que elas mantêm diariamente em seu coração. A ação começa dentro da mente. A capacidade de criar de cada pessoa limita-se à sua capacidade de pensar. Ao conhecermos a Verdade sobre o poder do pensamento, teremos em nossas mãos o poder da prosperidade, da felicidade, da saúde e da liberdade de seguir nossos rumos, independentemente das coisas que nos prendem a este mundo material. Com este livro, você aprenderá o verdadeiro significado do Pensamento Positivo e como usá-lo de forma efetiva para concretizar seus sonhos. Leia e descubra como ser positivo, corajoso e realizar seus sonhos.

Outros Livros de Ryuho Okawa

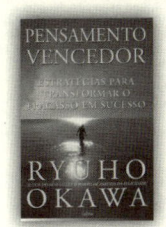

Pensamento Vencedor
Estratégia para Transformar o Fracasso em Sucesso
Editora Cultrix

Este pensamento baseia-se nos ensinamentos de reflexão e desenvolvimento necessários para superar as dificuldades da vida e obter prosperidade. Ao estudar esta filosofia e colocá-la em prática, você será capaz de declarar que não existe derrota – só o sucesso.

SÉRIE FELICIDADE

O Caminho da Felicidade
Torne-se um Anjo na Terra
IRH Press do Brasil

Aqui se encontra a íntegra dos ensinamentos da Verdade espiritual transmitida por Ryuho Okawa e que serve de introdução aos que buscam o aperfeiçoamento espiritual. Okawa apresenta "Verdades Universais" que podem transformar sua vida e conduzi-lo para o caminho da felicidade. A sabedoria contida neste livro é intensa e profunda, porém simples, e pode ajudar a humanidade a alcançar uma era de paz e harmonia na Terra.

Manifesto do Partido da Realização da Felicidade
Um Projeto para o Futuro de uma Nação
IRH Press do Brasil

Nesta obra, o autor declara: "Devemos mobilizar o potencial das pessoas que reconhecem a existência de Deus e de Buda, além de acreditar na Verdade, e trabalhar para construir uma utopia mundial. Devemos fazer do Japão o ponto de partida de nossas atividades políticas e causar impacto no mundo todo". Iremos nos afastar das forças políticas que trazem infelicidade à humanidade, criar um terreno sólido para a verdade e, com base nela, administrar o Estado e conduzir a política do país.

As Leis da Sabedoria

As Chaves da Felicidade
Os 10 Princípios para Manifestar a Sua Natureza Divina
Editora Cultrix

O autor ensina os 10 princípios básicos – Amor, Conhecimento, Reflexão, Mente, Iluminação, Desenvolvimento, Utopia, Salvação, Autorreflexão e Oração –, que servem de bússola para nosso crescimento espiritual e felicidade.

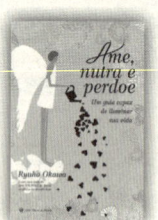

Ame, Nutra e Perdoe
Um Guia Capaz de Iluminar Sua Vida
IRH Press do Brasil

O autor traz uma filosofia de vida na qual revela os segredos para o crescimento espiritual através dos estágios do amor. Cada estágio representa um nível de elevação no desenvolvimento espiritual. O objetivo do aprimoramento da alma humana na Terra é progredir por esses estágios e desenvolver uma nova visão do maior poder espiritual concedido aos seres humanos: o amor.

O Ponto de Partida da Felicidade
Um Guia Prático e Intuitivo para Descobrir o Amor, a Sabedoria e a Fé – Editora Cultrix

Podemos nos dedicar à aquisição de bens materiais ou buscar o verdadeiro caminho da felicidade – construído com o amor que dá, que acolhe a luz. Okawa nos mostra como alcançar a felicidade e ter uma vida plena de sentido.

Curando a Si Mesmo
A Verdadeira Relação entre Corpo e Espírito
IRH Press do Brasil

O autor revela as verdadeiras causas das doenças e os remédios para várias delas, que a medicina moderna ainda não consegue curar, oferecendo conselhos espirituais e práticos. Ele mostra os segredos do funcionamento da alma e como o corpo humano está ligado ao plano espiritual.

GRÁFICA PAYM
Tel. [11] 4392-3344
paym@graficapaym.com.br

Outros Livros de Ryuho Okawa

A Essência de Buda
*O Caminho da Iluminação e
da Espiritualidade Superior*
IRH Press do Brasil

Este guia mostra como viver com um verdadeiro propósito. Traz uma visão contemporânea do caminho que vai muito além do budismo, para orientar os que estão em busca da iluminação e da espiritualidade. Você descobrirá que os fundamentos espiritualistas, tão difundidos hoje, na verdade foram ensinados por Buda Shakyamuni e fazem parte do budismo, como os *Oito Corretos Caminhos, as Seis Perfeições e a Lei de Causa e Efeito, o Vazio, o Carma e a Reencarnação*, entre outros.